Cuide bem da sua figueira e você terá figos para comer.
Prov. 27.18a (NTLH)

DO SIGNIFICADO DA INSIGNIFICÂNCIA

JUSTIFICAÇÃO E APLICAÇÃO DA NORMA JURÍDICA

GABRIEL SENRA E PÁDUA

DO SIGNIFICADO DA INSIGNIFICÂNCIA

JUSTIFICAÇÃO E APLICAÇÃO DA NORMA JURÍDICA

Niterói, RJ
2019

 © 2019, Editora Impetus Ltda.

Editora Impetus Ltda.
Rua Alexandre Moura, 51 – Gragoatá – Niterói – RJ
CEP: 24210-200 – Telefax: (21) 2621-7007

CONSELHO EDITORIAL:
ANA PAULA CALDEIRA • BENJAMIN CESAR DE AZEVEDO COSTA
ED LUIZ FERRARI • EUGÊNIO ROSA DE ARAÚJO
FÁBIO ZAMBITTE IBRAHIM • FERNANDA PONTES PIMENTEL
IZEQUIAS ESTEVAM DOS SANTOS • MARCELO LEONARDO TAVARES
RENATO MONTEIRO DE AQUINO • ROGÉRIO GRECO
VITOR MARCELO ARANHA AFONSO RODRIGUES • WILLIAM DOUGLAS

Projeto Gráfico: Editora Impetus Ltda.
Editoração Eletrônica: SBNigri Artes e Textos Ltda.
Capa: Bruna Sossai Peres
Revisão de Português: Carmem Becker
Impressão e encadernação: Editora e Gráfica Vozes Ltda.

S478d
    Senra e Pádua, Gabriel.
        Do significado da insignificância: Justificação e aplicação da norma jurídica / Gabriel Senra e Pádua. – Niterói, RJ: Editora Impetus, 2019.
        136 p. ; 16 x 23 cm.

        Inclui bibliografia.
        ISBN 978-85-299-0024-7

        1. Insignificância. 2. Norma jurídica. 3. Diferenciação funcional. Princípios. Direito. Democracia. I. Habermas, Jürgen. II. Título.

CDD- 347.129

Bibliotecária responsável: Bruna Heller – CRB 10/2348
Índice para catálogo sistemático:
1. Normas, princípios dos direitos 340.132

O autor é seu professor; respeite-o: não faça cópia ilegal.
TODOS OS DIREITOS RESERVADOS – É proibida a reprodução, salvo pequenos trechos, mencionando-se a fonte. A violação dos direitos autorais (Lei nº 9.610/1998) é crime (art. 184 do Código Penal). Depósito legal na Biblioteca Nacional, conforme Decreto nº 1.825, de 20/12/1907.

A **Editora Impetus** informa que quaisquer vícios do produto concernentes aos conceitos doutrinários, às concepções ideológicas, às referências, à originalidade e à atualização da obra são de total responsabilidade do autor/atualizador.

www.impetus.com.br

Dedicatória

Dedico este livro a minha mãe, Maria de Lourdes,
pela dedicação, pelo carinho e amor incondicional,
minha razão de ser.

Agradecimento

A Deus, por reger a minha vida, e pela força que impulsiona o meu trabalho e as minhas buscas.

A todos os professores e coordenadores da Pós-Graduação em Direito da Universidade Presidente Antônio Carlos, que oportunizaram a concretização deste Mestrado.

Ao professor Dr. Lúcio Antônio Chamon Junior, meu orientador deste estudo, pela motivação transmitida por sua genialidade que tanto admiro.

A meu saudoso pai Jorge, pela força do caráter e pela certeza de que, se aqui estivesse, estaria comemorando esta conquista.

A minha irmã Bethania, pela força que sempre me impulsiona nos momentos mais difíceis.

A minha esposa Cintia, pelo carinho e pela compreensão.

Aos colegas de caminhada, no trabalho e na vida acadêmica, pelo estímulo e apoio constantes.

A todos que de algum modo participaram nesta minha conquista maior.

"Os tribunais são as capitais do império do direito e os juízes são seus príncipes, mas não são seus videntes e profetas. Compete aos filósofos, caso estejam dispostos, a tarefa de colocar em prática as ambições do direito quanto a si mesmo, a forma mais pura dentro e além do direito que possuímos."[1]

---

[1] DWORKIN, Ronald. *O império do direito*. 2ª ed. Trad. Jefferson Luiz Camargo. São Paulo: Martins Fontes, 2007, p. 486.

O Autor

Advogado, graduado pela Faculdade de Ciências Sociais e Jurídicas Vianna Júnior, pós-graduado em Direito Público pela Ananages, Mestre em Hermenêutica Jurídica e Direitos Fundamentais pela Universidade Presidente Antônio Carlos e Professor de Direito Penal e Processual Penal das Faculdades Doctum, Facsum, Vianna Júnior e Pitágoras.

Resumo

Será destacado ao longo do trabalho que, uma leitura que assume um padrão valorativo, como fez o Supremo Tribunal Federal ao aplicar o chamado "princípio" da insignificância, desconsidera a pluralidade moderna, expondo o Direito a qualquer tipo de resposta, como sendo a leitura correta. Nesta dissertação, o escopo é demonstrar que somente uma teoria da argumentação jurídica, com base exclusivamente em argumentos de princípios, é capaz de conferir legitimidade às decisões jurídicas, e de respeitar o Direito construído em um processo legislativo democrático. Pretende-se demonstrar que a aplicação de um suposto "princípio" da insignificância, ao contrário do difundido pela *praxis* jurídica, só contribui para o enfraquecimento do sistema jurídico, fazendo com que ele perca a sua força normativa, justamente pela impossibilidade de se aplicar o "conceito" de bagatela, sem introjetar no discurso de aplicação da norma, argumentos morais, éticos e pragmatistas. Objetiva-se, pois, explanar, nesta dissertação, ancorada na revisão de literatura pertinente, que uma interpretação do sistema jurídico, como a realizada pelo Supremo Tribunal Federal no Recurso Ordinário em *Habeas Corpus* nº 107.264, objeto deste trabalho, não é mais que uma leitura pragmatista do juízo de tipicidade, e pretensamente orientada à aplicação de um Direito Penal Constitucional, mas que, na verdade, consiste em uma leitura que desrespeita frontalmente os direitos fundamentais e o sentido do Direito na Modernidade. Isso sem olvidar a confusão que é estabelecida entre atividades legislativa e jurisdicional. Tudo isso desvela uma inconstitucionalidade submersa a esse tipo de interpretação, visto que não se estabelece separação entre os Poderes Legislativo e Judiciário, pois, inevitavelmente, o aplicador do Direito, ao aplicar pretenso princípio, procede a um novo discurso de justificação da norma. No transcorrer deste estudo, serão utilizados alguns conceitos desenvolvidos por Ronald Dworkin, evidenciando-se a diferença entre discurso de justificação e discurso de aplicação da norma jurídica, estabelecida por Klaus Günther, bem como se anota a teoria dos Sistemas de Niklas Luhmann, sendo todas essas definições orientadas e relidas à luz da Teoria Discursiva do Direito e da Democracia de Jürgen Habermas.

Palavras-chave: Insignificância. Justificação e aplicação da norma jurídica. Diferenciação funcional. Princípios. Direito e Democracia de Jürgen Habermas.

Abstract

It will be highlighted throughout the work, a reading that assumes a standard evaluation, as did the Supreme Court to apply the so called "principle" of insignificance, it disregards the modern plurality, exposing the Law to any kind of response as being the correct reading. It is intended to demonstrate that the use of a supposed "principle" of insignificance, contrary to what is widespread by legal practice, only contributes to the weakening of the legal system, causing it to lose its normative force. Precisely due to the impossibility of applying the "concept" of trifle without inserting into the discourse of application of the rule moral, ethical and pragmatist arguments. The purpose is, therefore, explain, in this dissertation, anchored in the review of relevant literature, that an interpretation of the legal system, as held by the Supreme Court in Ordinary Appeal in *Habeas Corpus* nº 107.264. The object of this work, is no more than a no problematized reading of the judgment of tipicity, and supposedly oriented to the use of Constitutional Criminal Law, but which actually consists of a reading that flatly violates the fundamental rights and the meaning of the Law in Modernity. In addition, it is established confusion between legislative and judicial activities. All this reveals a submerged unconstitutionality to such interpretation, since it is established no separation between the legislative and judicial branches, since, inevitably, the applier of Law, when applying the alleged principle, proceeds to a new discourse of justification of the norm. In the course of this study it will be used some concepts developed by Ronald Dworkin, highlighting the difference between discourse of justification and discourse of application of the legal rule established by Klaus Günther, as well as teaches the Theory of Systems of Niklas Luhmann, and all of these definitions are oriented and reread considering the Discursive Theory of Law and Democracy of Jürgen Habermas.

Keywords: Insignificance. Justification and application of the legal rule. Functional differentiation. Principles. Law and Democracy of Jürgen Habermas.

Sumário

Introdução 1

Capítulo 1 – Por uma reconstrução do chamado "princípio" da insignificância a partir das decisões jurisdicionais no Brasil 9

    1.1. Princípio da insignificância como elemento interpretativo do juízo de tipicidade 9

    1.2. Da criação e interpretação jurisdicional do "princípio" da insignificância 14

Capítulo 2 – Por um resgate do sentido constitucionalmente adequado dos princípios jurídicos à luz do direito moderno 23

    2.1. De uma compreensão axiológica à deontológica: por uma recolocação dos princípios constitucionais-penais 31

    2.2. Da "criação" dos princípios pelos tribunais à luz da teoria dos sistemas sociais de função 34

    2.3. Da diferença entre princípios e diretrizes políticas a partir da teoria do direito como integridade 52

    2.4. Da diferença entre discursos de justificação e discursos de aplicação da norma jurídica 59

    2.5. Da legitimidade do direito na modernidade a partir da teoria discursiva do direito e da democracia 73

Capítulo 3 – Por uma reconstrução do sentido jurídico subjacente ao recurso ordinário em *Habeas Corpus* nº 107.264 à luz da teoria discursiva do direito e da democracia 89

Conclusão 107

Referências Bibliográficas 111

Introdução

Partindo de um velho adágio latino *"minima non curat praetor"*, Claus Roxin cunhou, por volta de 1964, o "princípio" da insignificância, o qual foi chamado por Klaus Tiedemann de "princípio da bagatela", criando, assim, uma perspectiva diferente na análise da tipicidade penal.[1]

O núcleo exegético de mencionado princípio é a exigência de uma ofensa mínima ao bem jurídico, protegido pela norma penal, para que se possa configurar um injusto típico. Nesse sentido, a insignificância de determinada conduta deve ser aferida não apenas pela importância do bem jurídico atingido, mas, especialmente, pelo grau de intensidade dessa lesão.

Algumas condutas se amoldam a determinado tipo penal, apenas do ponto de vista formal, não apresentando relevância sob o aspecto material. Nessas circunstâncias, tais condutas não serão consideradas típicas, justamente pelo fato de o bem jurídico protegido não ter sido lesado com a intensidade exigida pela norma penal incriminadora.

Em outros dizeres, algumas condutas são típicas, do ponto de vista formal, enquadrando-se na definição abstrata da lei penal, mas não o são do ponto de vista material (intensidade da lesão), por aplicação do princípio da bagatela ou insignificância.

Pode-se, portanto, considerar que, com base no princípio da insignificância, ao redigir o tipo penal, o legislador tem em mente apenas os prejuízos relevantes que o comportamento incriminado possa causar à ordem social e jurídica.

Traduzindo esse pensamento ora exposto, bem como os motivos que levaram à aplicação e à aceitação do "princípio" da insignificância, pelos tribunais e doutrinadores brasileiros, o emérito desembargador Carlos Vico Mañas instrui que:

---

1 BITENCOURT, Cezar Roberto. *Tratado de direito penal*: parte geral. 17ª ed. São Paulo: Saraiva, 2012, p. 58.

> Ao realizar o trabalho de redação do tipo penal, o legislador apenas tem em mente os prejuízos relevantes que o comportamento incriminado possa causar à ordem jurídica e social. Todavia não dispõe de meios para evitar que também sejam alcançados os casos leves. O princípio da insignificância surge justamente para evitar situações dessa espécie, atuando como instrumento de interpretação restritiva do tipo penal, com significado sistemático político-criminal da expressão da regra constitucional do *nullum crimem sine lege*, que nada mais faz do que relevar a natureza subsidiária e fragmentária do direito penal.[2]

Para os doutrinadores pátrios e tribunais brasileiros, o Direito Penal só deve incidir quando os outros ramos do Direito não forem suficientes para reprimenda de determinado comportamento. Isso porque ostenta um caráter fragmentário, e possui a função de intervenção mínima.

Em síntese, o conceito do "princípio" da insignificância[3] é o de que a conduta praticada pelo agente atinge de forma tão ínfima o valor tutelado pela norma que não deve ser reprimida pelo Direito Penal. Juridicamente, isso significa que não houve crime algum, pois estará afastada a tipicidade penal, por ausência de seu aspecto material.

Há algum tempo, processos envolvendo o "princípio" da insignificância têm-se tornado cada vez mais frequentes no Judiciário brasileiro, e com o Supremo Tribunal Federal não tem sido diferente.

Segundo fontes do próprio Supremo Tribunal Federal, entre 2008 e 2010, aproximadamente trezentos e quarenta *"habeas corpus"* foram impetrados, pleiteando a aplicação do princípio da insignificância ou bagatela, sendo que noventa e um pedidos, ou seja, 26,76% foram procedentes, e esse número vem crescendo a cada ano.[4]

---

2 VICO MAÑAS, Carlos. *O princípio da insignificância como excludente de tipicidade penal*. São Paulo: Saraiva, 1994, p. 56.

3 Para Roxin, o principio de la insignificancia, que permite en la mayoría de los tipos pos excluir desde un principio daños de poca importancia: maltrato no es cualquier tipo de daño de la integridad corporal, sino solamente uno relevante; análogamente deshonesto en el sentido del Código Penal es sólo la acción sexual de una cierta importancia, injuriosa en una forma delictiva es sólo la lesión grave a la pretensión social de respeto. Como "fuerza" debe considerarse únicamente un obstáculo de cierta importancia, igualmente también la amenaza debe ser "sensible" para pasar el umbral de la criminalidad. Si con estos planteamientos se organizara de nuevo consecuentemente la instrumentación de nuestra interpretación del tipo, se lograría, además de una mejor interpretación, una importante aportación para reducir la criminalidad en nuestro país (ROXIN, Claus. *Política criminal y sistema del derecho penal* – Traducción e introducción de Francisco Muñoz Conde. 2. ed. Buenos Aires: Hammurabi, 2002. p. 73-74).

4 BRASIL. Supremo Tribunal Federal. *Princípio da Insignificância é aplicado a furtos de objetos de pequeno valor*. Disponível em: <http://www.stf.jus.br/portal/cms/verNoticiaDetalhe.asp?idConteudo=173584>. Acesso em: 21 mar. 2013.

Introdução

Para que seja acolhido o princípio da insignificância e excluída a tipicidade da conduta praticada pelo paciente, o Supremo Tribunal Federal vem exigindo que o *habeas corpus* demonstre de forma transparente a presença simultânea de quatro vetores básicos, a saber: a mínima ofensividade da conduta, a inexistência de periculosidade social do ato, o reduzido grau de reprovabilidade do comportamento e a inexpressividade da lesão provocada.

Aulas de Teoria do Direito e Sociologia do Direito, ministradas pelo Professor Lúcio Antônio Chamon Junior, bem como suas reflexões teóricas expostas no livro *Teoria Constitucional do Direito Penal: contribuições a uma reconstrução da dogmática penal 100 anos depois*, sem olvidar os crescentes números de casos concretos, a respeito do tema, despertaram significativamente o interesse acadêmico pelo tema ora abordado e pela implementação do projeto que culminou neste estudo.

A partir das referidas aulas e das leituras de algumas obras do Prof. Chamon foi tornando-se clara e bem delineada a noção de que somente uma teoria da argumentação jurídica, voltada para uma interpretação racional do Direito como um sistema idealmente coerente de princípios, é capaz de fornecer a resposta correta para cada caso concreto, preservando a força normativa do sistema jurídico. Ficou elucidado, ainda, que o processo legislativo democrático é o responsável por sustentar a legitimidade do Direito na Modernidade, e que na aplicação da norma o magistrado deve respeitar o Direito criado no referido processo democrático.

Assim posto, neste estudo, utiliza-se a Teoria do Direito, do Estado e da Democracia, à luz do Princípio do Discurso, desenvolvida por Jürgen Habermas como um marco teórico para se proceder à problematização da aplicação do "princípio" da insignificância, pois, na concepção brasileira, consolida-se uma teoria que se mostra capaz de vislumbrar e de comprovar a força normativa dos princípios, bem como demonstrar de forma lapidar que o sentido do Direito na Modernidade é o de permitir reconhecer a todos, na maior medida possível, como livres e iguais, ao se pretender criar normas que sejam legítimas e que regularão a futura coexistência.

Assumir os desenvolvimentos de Klaus Günther, que diferencia discurso de justificação e aplicação da norma jurídica, permite distinguir os tipos de argumentos que são utilizados pelo Supremo Tribunal Federal na aplicação do "princípio" da insignificância.

Hão de se somar, ainda, os ensinamentos de Niklas Luhmann – Teoria dos Sistemas – por meio dos quais se buscará saber se o princípio da insignificância opera ou não orientado pelo código do Direito, qual seja, licitude/ilicitude.

Uma vez apresentado, este estudo se organiza em três capítulos, nos quais se problematiza a aplicação do "princípio" da insignificância, tendo por base a Teoria Procedimental Discursiva do Direito e da Democracia de Jürgen Habermas.

No primeiro capítulo, apresenta-se o Recurso Ordinário em *Habeas Corpus* nº 107.264, julgado pelo Supremo Tribunal Federal, e que servirá de supedâneo para o desenvolvimento desta pesquisa.

Serão expostos, ainda, os fundamentos desenvolvidos pela doutrina penal para se interpretar, à luz do "princípio" da bagatela, o juízo de tipicidade, bem como reescritos e problematizados todos os argumentos utilizados pelo Supremo Tribunal Federal para se aplicar o "princípio" da insignificância a um caso concreto.

No capítulo seguinte será realizada, na doutrina penal e constitucional pátria, bem como na literatura estrangeira, uma pesquisa tendente a demonstrar como vem sendo conceituado, utilizando uma expressão de Dworkin, o padrão[5] "princípios". Ainda dentro do segundo capítulo, aborda-se a diferença entre "princípios" e diretrizes políticas, tendo como base dos escritos a teoria da integridade do direito, bem como será demonstrado, com base nos estudos de Niklas Luhmann, como os Tribunais em geral "criam" e aplicam os princípios por eles criados.

Ainda dentro do capítulo terceiro, serão apresentados os temas que sustentarão teoricamente esta pesquisa e que permitirão problematizar a aplicação de um suposto "princípio" da insignificância cunhado por Claus Roxin. Primeiramente, serão apresentadas as contribuições teóricas do sociólogo alemão Niklas Luhmann que, através de sua teoria dos sistemas, mostra que a sociedade moderna é diferenciada, do ponto de vista sistêmico, e que cada subsistema social possui um código binário responsável por essa diferenciação, sendo o código do Direito a licitude/ilicitude, conforme já mencionado.

Procede-se, como retromencionado, à descrição da diferença elaborada por Klaus Günther entre discursos de justificação e aplicação da norma jurídica, distinção essa que permitirá atentar para os tipos de argumentos que podem ser utilizados em um processo democrático de criação do Direito e em um processo de aplicação da norma jurídica.

---

5 DWORKIN, Ronald. *Levando os direitos a sério*. Trad. Nelson Boeira. São Paulo: Martins Fontes, 2002, p. 36.

INTRODUÇÃO

Trabalha-se, por conseguinte, a legitimidade do Direito, à luz da Teoria Procedimental Discursiva de Jürgen Habermas, marco teórico deste estudo, e que permite vislumbrar como uma decisão jurídica deve ser cunhada, se se pretende legitimidade em um Estado Democrático de Direito e racionalidade em uma sociedade moderna, que, do ponto de vista axiológico, é plural.

As últimas observações permitem reconstruir, alicerçando-se nos temas apresentados no capítulo terceiro, o caso concreto – Recurso Ordinário em *Habeas Corpus* nº 107.264 –, bem como responder a todos os questionamentos apresentados ao longo desta pesquisa.

Por derradeiro, serão relatadas as conclusões finais, nas quais será demonstrado como uma teoria da argumentação jurídica, desenvolvida à luz do princípio do discurso, permite encontrar, para cada caso concreto, a única decisão acertada. Lado outro, discorre-se sobre o fato de como uma leitura convencionalista do Direito é carente de legitimidade, pois não reconhece a força normativa dos princípios e se desrespeita todo o processo democrático de construção da norma jurídica, confundindo-se atividade jurisdicional com atividade legislativa.

Quanto aos métodos de condução desta pesquisa, o estudo transcrito na forma de dissertação, estruturada nos capítulos ora descritos, consta de uma revisão de literatura, embasada na aplicação do "princípio" da insignificância, com os mais relevantes posicionamentos do Direito sobre o tema.

Para se proceder a essa revisão, o estudo se funda na análise documental, que constitui uma técnica importante na pesquisa qualitativa, seja complementando informações obtidas por outras técnicas, seja desvelando aspectos novos de um tema ou problema. Sob esse foco, os documentos legais utilizados foram, prioritariamente, o Recurso Ordinário em *Habeas Corpus* nº 107.264, o qual foi, de certo modo, equiparado ao *Habeas Corpus* nº 171.142-RS, sendo aquele lido à luz do Direito Penal brasileiro, amparado na teoria substancial nacional e estrangeira, visando à defesa da tese explicitada no objeto maior do estudo.

Procedeu-se à revisão de literatura comentada, com o intuito de não se despender redundâncias em um capítulo de discussão, visto ter sido a proposta passível de diálogo com vários compêndios da Sociologia, da Filosofia e do Direito, de forma geral.

É mister realçar que a pesquisa foi conduzida buscando-se, exaustivamente, responder e fundamentar as questões norteadoras "do caso concreto" apresentado, consumando-se em considerações substanciais as indicações que, *a priori*, nada mais pareceram que importantes literaturas esparsas a serem reunidas na contextura desta dissertação.

O estudo ora transcrito foi desenvolvido tendo como marco teórico a Teoria Discursiva do Direito e da Democracia, apoiando-se em uma linha de pesquisa que desenvolve o pensamento jurídico contextualizado por um quadro de erosão e crise do racionalismo. Mencionada linha de pesquisa foi assim intitulada: *"Perspectivas da realização do Direito no contexto da crise da razão"*.

A linha de pesquisa eleita faz uma reflexão sobre a racionalidade jurídica e sua relação de tensão e complementaridade com o pensamento econômico, político e moral, dentre outros.

A presente dissertação encontra-se em perfeita consonância com a linha de pesquisa acima mencionada, senão vejamos.

A sociedade moderna sofreu um processo de dessacralização, descentração, não existindo mais um centro, um núcleo determinante das questões mundanas, incluindo-se, nesse contexto, o sistema do Direito. Na Modernidade vigora uma diferenciação funcional e cada sistema tem uma função que jamais pode ser atribuída a outro sistema. Para elucidar esse processo de modernização, mais especificamente para ressaltar a diferenciação funcional, são explicitados os conceitos e as definições de Niklas Luhmann em sua Teoria dos Sistemas.

A Teoria dos Sistemas Sociais de Função permite, de maneira satisfatória, uma compreensão da relação existente entre o Sistema do Direito e os Sistemas da Moral, da Política e da Economia, dentre outros.

Ademais, quando se fala em racionalidade ou legitimidade do Direito na Modernidade, a Teoria Discursiva do Direito e da Democracia, de Jürgen Habermas demonstra, a partir de suas reconstruções da *praxis* social, quais são as condições e os direitos que devem ser respeitados para se construir uma sociedade de homens livres e iguais, democrática, pois.[6]

Propõe-se, desse modo, demonstrar que é o processo democrático que carrega o peso da legitimação – racionalidade – do Direito na Modernidade. Ainda, valendo dos ensinamentos de Jürgen Habermas, há de se apontar qual é o sentido do Direito na Modernidade, e quais são os direitos fundamentais que precisam estar preservados, caso os cidadãos

---

6 CHAMON JUNIOR, Lúcio Antônio. *Filosofia do direito na alta modernidade:* Incursões teóricas em Kelsen Luhmann e Habermas. 3ª ed. Rio de Janeiro: Lumen Juris, 2010, p. 240.

pretendam fundar um ordenamento jurídico que seja legítimo e que respeite a pluralidade axiológica da Modernidade.

Torna-se necessário, destacar e esclarecer o que se compreende por Modernidade, tema recorrente nesta dissertação. Para isso, reporta-se, novamente, a Chamon Junior, que, de forma lapidar, ensina:

> Antes, a Modernidade é um processo contínuo, um processo social mormente marcado e caracterizado por questões coimplicadas como dessacralização e a descentração da Sociedade, o processo de diferenciação funcional dos sistemas e de assunção, por parte dessa Sociedade, de que suas construções são mediadas linguisticamente; tudo isto atrelado ao processo de especialização dos juízos de racionalidade. A Modernidade é um processo contínuo, um processo que veio se desenvolvendo e pode continuar a se desenvolver no futuro. O processo de modernização, portanto, exige da Sociedade enfrentar desafios que são colocados ao próprio processo.[7]

Percebe-se, por todo o exposto, que os temas tratados no presente trabalho servem de supedâneo para que se possa alcançar uma decisão jurídica racional, que reconheça iguais liberdades no exercício dos direitos fundamentais e que trate os afetados por ela como livres e iguais, respeitando, assim, o sentido do Direito na Modernidade, estando, portanto, em perfeito encaixe com a linha de pesquisa eleita.

---

7 Ibid., p. 187.

Capítulo 1

Por uma reconstrução do chamado "princípio" da insignificância a partir das decisões jurisdicionais no Brasil

No capítulo primeiro do presente trabalho, faz-se necessária uma reconstrução dos argumentos teóricos utilizados pelos Tribunais para aplicarem o "princípio" da insignificância a um caso concreto.

Serão delineados, em específico, os fundamentos utilizados pelo Supremo Tribunal Federal no julgamento do Recurso Ordinário em *Habeas Corpus* nº 107.264, mais precisamente o voto do Relator, Ministro Celso de Mello, voto esse acompanhado em sua integralidade pelos outros ministros que compõem a Corte Maior de nosso país.

Lançar-se-á, na transcrição dos fundamentos utilizados pelo Supremo Tribunal Federal no Recurso Ordinário em *Habeas Corpus* nº 107.264, alguns questionamentos que somente serão esclarecidos, de forma definitiva, na reconstrução do voto do Ministro Celso de Mello, à luz da Teoria Discursiva do Direito e da Democracia, momento esse reservado para o último capítulo desta dissertação.

1.1. PRINCÍPIO DA INSIGNIFICÂNCIA COMO ELEMENTO INTERPRETATIVO DO JUÍZO DE TIPICIDADE

Antes de adentrar a descrição do caso concreto, são pertinentes e necessárias algumas considerações para melhor compreensão do tema desenvolvido.

Não há preocupação com questão processual ou histórica, uma vez que o objetivo neste estudo é analisar, à luz da Teoria do Discurso de Jürgen

Habermas, a fundamentação utilizada pelo Supremo Tribunal Federal para aplicar o "princípio" da insignificância ao caso relatado no Recurso Ordinário em *Habeas Corpus* nº 107.264.

Esta discussão aborda o Recurso Ordinário em *Habeas Corpus* nº 107.264, mas, especificamente, o voto do relator, Ministro Celso de Mello, que foi seguido em sua unanimidade pelos Ministros do Supremo Tribunal Federal.

Há relativamente pouco tempo, a doutrina brasileira e os tribunais sob esta égide passaram a adotar uma nova concepção do juízo de tipicidade, sob a alegação de uma leitura constitucional do Direito Penal e coerente com um Estado Democrático de Direito.

Influenciados por questões de políticas criminais e pelos estudos desenvolvidos por Claus Roxin, adotou-se o chamado "princípio" da insignificância que, segundo os aplicadores do Direito, excluem a tipicidade penal, por ausência de seu aspecto material.

Alguns autores, dentre os quais Diomar Akel Filho,[1] aduzem que o "princípio" da insignificância já era utilizado no Direito Romano, quando e onde o pretor não tratava das causas de bagatela, aplicando a máxima explícita no brocardo *"de minimis non curat pretor"*. Contudo, os estudiosos, em sua quase totalidade, atribuem o desenvolvimento e a formulação de mencionado princípio ao professor alemão Claus Roxin.

O jurista alemão faz uma interpretação das condutas insignificantes, atrelada ao chamado princípio da adequação social[2] (Hans Welzel), exemplificando seu pensamento, com o caso do carteiro que, após ser aprovado por todos, recebe um pequeno presente nas festividades de final de ano, conduta esta tipificada no § 331 do Código Penal alemão.[3] Claus Roxin vai dizer que este fato não pode ser considerado típico, embora previsto no § 331 do Código Penal alemão, isso porque a conduta de entregar o presente é tolerada socialmente, ou seja, uma conduta não pode ser típica, se é aceita no seio da sociedade.[4]

Na precisa lição de Luiz Regis Prado:

---

1 ACKEL FILHO, Diomar. O princípio da insignificância no direito penal. *Revista de Jurisprudência do Tribunal de Alçada Criminal de São Paulo*, v. 94, abr./jun. 1998, p. 73.
2 ROXIN, Claus. *Derecho Penal:* parte general. Trad. Diego Manuel Luzón Peña, Miguel Diaz y García Conlledo e Javier Vicente Remesal. Madrid: Civitas, 1997, p. 297.
3 Aceptación de ventaja: (1) Un titular de cargo o una persona especialmente obligada con el servicio público que exija, se haga prometer, o acepte una ventaja para sí o un tercero por una acción del servicio, será castigado con pena privativa de la libertad hasta tres años o con multa. Disponível em: <http://www.juareztavares.com/textos/leis/cp_de_es.pdf> Acesso em: 02 dez. 2013.
4 ROXIN, op. cit., p. 292.

A teoria da adequação social, concebida por Hans Welsel, significa que apesar de uma conduta se subsumir ao modelo legal não será considerada típica se for socialmente adequada ou reconhecida, isto é, se estiver de acordo com a ordem social da vida historicamente condicionada.[5]

Roxin compreende o tipo penal como "tipo de injusto" e nas palavras de Chamon, isso demanda exatamente interpretar o juízo de tipicidade como um "desvalor social". Assim, a inadequação social caracterizaria o próprio tipo em sua completude, e não apenas um de seus elementos.[6]

Ocorre que o próprio autor reconhece a relativização desse juízo de (in)adequação, e se socorre ao que chama "meios de interpretação mais precisos", para que, em um caso concreto, possa-se concluir pela adequação ou não da conduta.[7]

Seguindo esse raciocínio, Roxin divide a questão da adequação social em dois grandes grupos, a saber: o primeiro grupo é o do risco juridicamente irrelevante ou permitido; e o segundo, que, de fato, interessa a este estudo, é o das condutas socialmente adequadas e insignificantes.[8]

Neste ponto, mais especificamente no segundo grupo, vale destacar a nota de rodapé nº 75, contida na obra do professor alemão, enunciando que o "princípio da insignificância é uma máxima de interpretação típica".[9]

Ao se perguntar qual critério Claus Roxin fornece para afirmar que uma conduta é ou não insignificante, diante de um caso concreto, é pertinente pontuar duas observações que merecem destaques.

A primeira é que o autor não apresenta nenhum critério seguro para que se interprete uma conduta como insignificante, limitando-se a expor que somente uma orientação voltada ao bem jurídico, e que atenda à classe do injusto, permitiria que se vislumbrasse por que uma parte das ações seria insignificante e outra não.[10]

E a segunda observação, que chama muito a atenção, principalmente pela forma de interpretação e aplicação do "princípio" da insignificância, realizada pelos tribunais brasileiros, é o fato de o autor dizer que a subtração de bagatela não está excluída do juízo de tipicidade, mesmo

---

5   PRADO, Luiz Regis. *Curso de direito penal brasileiro:* parte geral. 14ª ed. São Paulo: RT, 2008, p. 83.
6   CHAMON JUNIOR, Lúcio Antônio. *Teoria constitucional do direito penal*: contribuições a uma reconstrução da dogmática penal 100 anos depois. Rio de Janeiro: Lumen Juris, 2006, p. 152.
7   Ibid., p. 295.
8   CHAMON JUNIOR, op. cit., 2006, p. 296.
9   ROXIN, op. cit., 1997, p. 293.
10 CHAMON JUNIOR, op. cit., p. 153.

diante do valor da *res furtiva*, pois, no caso do furto, a posse e a propriedade são lesadas, independentemente do valor do objeto retirado da esfera de proteção do sujeito passivo, ou seja, não incide o raciocínio da bagatela nos delitos contra o patrimônio.

Vale colacionar o trecho, transcrito a seguir, da obra de Claus Roxin:

> Por consiguiente, la solución correcta se produce en cada caso mediante una interpretación restrictiva orientada hacia el bien jurídico protegido. Dicho procedimiento es preferible a la invocación indiferenciada a la adecuación social de esas acciones, pues evita el peligro de tomar decisiones siguiendo El mero sentimiento jurídico o incluso de declarar atípicos abusos generalmente extendidos. Además, sólo una interpretación estrictamente referida al bien jurídico y que atienda al respectivo tipo (clase) de injusto deja claro por qué una parte de las acciones insignificantes son atípicas y a menudo están ya excluidas por el propio tenor legal, pero en cambio otra parte, como v.gr. los hurtos bagatela, encajan indudablemente en el tipo: la propiedad y la posesión también se ven ya vulneradas por el hurto de objetos insignificantes; mientras que en otros casos el bien jurídico sólo es menoscabado si se da una cierta intensidad de la afectación.[11]

A obra de Roxin, segundo Chamon, foi inspirada na construção de um sistema interpretativo à luz de uma leitura político-criminal, e tornou-se uma referência de interpretação do Direito Penal.[12]

Embora não seja ainda neste ponto desta pesquisa o momento de problematizar a leitura feita por Roxin, a respeito dos delitos de bagatela, nem se ela foi assumida, pelos aplicadores do Direito, no Brasil, da forma como proposto pelo professor alemão, há de se ressaltar que o "princípio" da insignificância foi e continua sendo fortemente aplicado pelos tribunais, e aceito pelos doutrinadores pátrios.

Os órgãos do Judiciário compreendem que nem toda conduta humana, embora seja formalmente típica, deve ser considerada materialmente como tal, posto que nem toda lesão ao bem jurídico é capaz de configurar a afetação exigida pela tipicidade penal; portanto, esses comportamentos (condutas) seriam insignificantes e, via de consequência, um indiferente penal.

---

11 ROXIN, op. cit., p. 297.
12 CHAMON JUNIOR, op. cit., 2006, p. 151.

Os tribunais nacionais passaram a compreender que além de uma conduta ser formalmente típica, ou seja, estar descrita em um tipo penal incriminador, para se concluir pela presença da tipicidade penal, deve-se levar em consideração, ainda, a sua antinormatividade e a constatação de uma relevância penal (seu aspecto material), e é justamente dentro desse último aspecto que está inserida a análise do "princípio" da insignificância.

Nesse contexto, o tipo penal deve ser compreendido segundo os tribunais e doutrinadores brasileiros, o que muito se deve a Eugênio Raúl Zaffaroni, que assim aborda o tema:

> O tipo penal se compõe do tipo legal (adequação da conduta à individualização predominantemente descritiva feita no preceito legal, com seu aspecto objetivo e subjetivo) e do tipo conglobante (que requer a lesão ou colocação em perigo do bem jurídico tutelado mediante a comprovação da antinormatividade pela contradição da conduta com a norma, conglobada com as restantes do ordenamento que integra). Será função deste segundo passo da tipicidade penal operar como corretivo da tipicidade legal, reduzindo à verdadeira dimensão do que a norma proíbe, deixando fora da tipicidade penal aquelas condutas que somente são alcançadas pela tipicidade legal, mas que o ordenamento normativo não proíbe, precisamente porque as ordena ou as fomenta ou não as pode alcançar, por exceder o poder repressivo do estado ou por ser insignificante sua lesividade.[13]

Mas a compreensão do "princípio" da insignificância pelos aplicadores do Direito, no Brasil, não se restringe apenas aos argumentos ora expendidos, os fundamentos retroaludidos devem ser compreendidos em conexão com o caráter subsidiário do Direito Penal e o princípio da intervenção mínima. Ambos, respectivamente, preconizam que o Direito Penal só deve agir quando os demais ramos do Direto não forem capazes de reprimir suficientemente a conduta praticada, devendo o Estado intervir minimamente em matéria criminal, sendo tudo isso orientado por questões de política criminal.

A compreensão da doutrina e do Supremo Tribunal Federal, a respeito do caráter fragmentário do Direito Penal, é muito bem traduzida nas palavras de Cesar Roberto Bitencourt:

> Nem todas as ações que lesionam bens jurídicos são proibidas pelo Direito Penal, como nem todos os bens jurídicos são por ele protegidos. O Direito Penal limita-se a castigar as

---

13 ZAFFARONI, Eugênio Raúl. *Tratado de derecho penal*: parte general. 9ª ed. São Paulo: RT, 2011, p. 236.

ações mais graves praticadas contra bens jurídicos mais importantes, decorrendo daí o seu caráter fragmentário, uma vez que se ocupa somente de uma parte dos bens jurídicos protegidos pela ordem jurídica.[14]

Em relação à compreensão do princípio da intervenção mínima, esta é didaticamente elucidada na obra de André Copetti, nos seguintes termos:

> Sendo o direito penal o mais violento instrumento normativo de regulação social, particularmente por atingir, pela aplicação das penas privativas de liberdade, o direito de ir e vir dos cidadãos deve ser ele minimamente utilizado. Numa perspectiva político-jurídica, deve-se dar preferência a todos os modos extrapenais de solução de conflitos. A repressão penal deve ser o último instrumento utilizado, quando já não houver mais alternativas disponíveis.[15]

Além disso, como já mencionado neste trabalho, para que possa ser aplicado o "princípio" da insignificância, deve o juiz ou tribunal se atentar para a análise de quatro requisitos básicos, que, se estiverem presentes no caso concreto, tornarão a conduta insignificante e, portanto, um fato atípico. São eles: a mínima ofensividade da conduta do agente; a ausência de periculosidade social da ação; o reduzidíssimo grau de reprovabilidade do comportamento; e a inexpressividade da lesão jurídica provocada.

Percebe-se, desse modo, que a *praxis* forense vem aplicando o conceito de insignificância como sendo um princípio auxiliar de interpretação, que tem por finalidade afastar a tipicidade de determinadas condutas que causem danos de pouca ou nenhuma importância, por não estar presente o chamado aspecto material da tipicidade.

1.2. DA CRIAÇÃO E INTERPRETAÇÃO JURISDICIONAL DO "PRINCÍPIO" DA INSIGNIFICÂNCIA

Uma vez introduzidos, expostos e apresentados os argumentos utilizados pela doutrina e pela jurisprudência pátria para aplicarem um suposto "princípio" da insignificância, torna-se imperioso apresentar o caso concreto que será objeto do trabalho em comento.

Dentro do contexto argumentativo apresentado anteriormente, o Supremo Tribunal Federal, em decisão na qual julgou uma tentativa de

---
14   BITENCOURT, 2012, op. cit., p. 52.
15   COPETTI, André. *Direito penal e estado democrático de direito*. Porto Alegre: Livraria do Advogado, 2000, p. 87.

furto, aplicou o "princípio" da bagatela e considerou que a conduta da recorrente não era típica.

Em abril de 2009, a paciente A.P.E.P. tentou subtrair de um supermercado, localizado no Município de Rio Grande-RS, uma toalha de rosto, nove condicionadores, cinco xampus, um creme para cabelo, uma escova para cabelo, quatro fronhas e três pacotes de chocolates, objetos que totalizavam 35,82% do salário mínimo vigente na época dos fatos. Vale registrar que o valor do salário mínimo em vigor era de R$ 465,00 (quatrocentos e sessenta e cinco reais).

O Ministério Público, na ocasião, denunciou a paciente por infração ao artigo 155, *caput*, c/c artigo 14, inciso II, ambos do Código Penal, mas o Juiz de Direito da 3ª Vara Criminal da Comarca de Rio Grande-RS rejeitou a peça acusatória por falta de condição da ação (artigo 395, inciso II, do Código de Processo Penal).

A denúncia foi rejeitada ao fundamento de se tratar de conduta atípica, considerando-se tratar de meio inidôneo e absolutamente incapaz de produzir risco à propriedade da vítima. Foi rejeitada a peça ministerial com base no crime impossível previsto no artigo 17 do Código Penal, bem como aplicado na parte de fundamentação da decisão, o "princípio" da insignificância. A falta de condição acolhida pelo juiz de primeiro grau foi a ausência de justa causa.

Entretanto, a 8ª Câmara Criminal do Tribunal de Justiça do Estado do Rio Grande do Sul deu provimento ao Recurso em Sentido Estrito (artigo 581, inciso I, do Código de Processo Penal) do Ministério Público, recebeu a denúncia e determinou o prosseguimento do feito.

A decisão do Tribunal de Justiça do Rio Grande do Sul se deu nos seguintes termos:

> Para configuração do crime impossível (art. 17, CP) a ineficácia do meio empreendido deve ser absoluta, inexistindo qualquer condição de o agente consumar o delito. No caso dos autos, apesar de observada a ré pelo vigia do supermercado, a consumação do crime, em tese, era possível, não fosse ela abordada no momento em que saía do local, já com os produtos que pretendia subtrair dentro de sua bolsa, não se caracterizando, assim, a figura do crime impossível ou tentativa inidônea. Por outro lado, para que se tenha por atípica a conduta do réu pelo princípio da insignificância, além do valor irrisório da *res*, há que se aferir o desvalor da sua conduta, suas condições pessoais e a repercussão do delito

na vítima. Inexistência de crime impossível e inaplicável o princípio da insignificância ou bagatela.[16]

Dessa decisão do Tribunal de Justiça do Rio Grande do Sul foi impetrado pela paciente A.P.E.P *habeas corpus* perante o Superior Tribunal de Justiça, e a Quinta Turma, por unanimidade, denegou a ordem no HC nº 171.142-RS.

Vale trazer à baila a ementa:

> A conduta perpetrada pelo agente – tentativa de furto de 01 (uma) toalha de rosto, 09 (nove) condicionadores, 05 (cinco) shampoos, 01 (um) creme para cabelos, 01 (uma) escova para cabelos, 04 (quatro) fronhas e 3 (três) pacotes de chocolates, objetos avaliados no total de R$ 166,59 (cento e sessenta e seis reais e cinquenta e nove centavos) – não se insere na concepção doutrinária e jurisprudencial de crime de bagatela.
>
> 2. "A tipicidade penal não pode ser percebida como o trivial exercício de adequação do fato concreto à norma abstrata. Além da correspondência formal, para a configuração da tipicidade, é necessária uma análise materialmente valorativa das circunstâncias do caso concreto, no sentido de se verificar a ocorrência de alguma lesão grave, contundente e penalmente relevante do bem jurídico tutelado" (STF, HC nº 97.772/RS, 1ª Turma, Rel. Min. CÁRMEN LÚCIA, DJE de 19/11/2009).
>
> 3. No caso do furto, não se pode confundir bem de pequeno valor com o de valor insignificante. Apenas o segundo, necessariamente, exclui o crime em face da ausência de ofensa ao bem jurídico tutelado, aplicando-se-lhe o princípio da insignificância.
>
> 4. A presença de sistema eletrônico de vigilância no estabelecimento comercial não torna o agente completamente incapaz de consumar o furto, logo, não há que se afastar a punição, a ponto de reconhecer configurado o crime impossível, pela absoluta ineficácia dos meios empregados. Precedentes.
>
> 5. Ordem denegada.[17]

A paciente A.P.E.P, inconformada com a decisão do Superior Tribunal de Justiça, ingressou com Recurso Ordinário em *Habeas Corpus* junto ao Supremo Tribunal Federal.

O Recurso Ordinário em *Habeas Corpus* nº 107.264, objeto de estudo desta dissertação, por unanimidade de votos, aplicou o princípio da

---

16 BRASIL. Superior Tribunal de Justiça. *Habeas Corpus. Acordão. 2010/0079509-2*. Impetrante: A.H.C.B. Impetrado: Tribunal de Justiça do Rio Grande do Sul Rel.ª Min.ª Laurita Vaz. Brasil, 03 de novembro de 2011. Disponível em:<http:// ww2.stj.jus.br/revistaeletronica>. Acesso em: 18 abr. 2013.
17 Ibid., 2013.

insignificância para o caso que relatava, conforme mencionado alhures, uma tentativa de furto, cuja *res furtiva* possuía o valor de R$166,59 (cento e sessenta e seis reais e cinquenta e nove centavos).

Referida decisão, publicada no *Diário Oficial* no dia 19 de abril de 2011, foi assim ementada, conforme transcrito:

> O princípio da insignificância qualifica-se como fator de descaracterização material da tipicidade penal. – O princípio da insignificância – que deve ser analisado em conexão com os postulados da fragmentariedade e da intervenção mínima do Estado em matéria penal – tem o sentido de excluir ou de afastar a própria tipicidade penal, examinada na perspectiva de seu caráter material. Doutrina. Tal postulado – que considera necessária, na aferição do relevo material da tipicidade penal, a presença de certos vetores, tais como (a) a mínima ofensividade da conduta do agente, (b) a nenhuma periculosidade social da ação, (c) o reduzidíssimo grau de reprovabilidade do comportamento e (d) a inexpressividade da lesão jurídica provocada – apoiou-se, em seu processo de formulação teórica, no reconhecimento de que o caráter subsidiário do sistema penal reclama e impõe, em função dos próprios objetivos por ele visados, a intervenção mínima do Poder Público. O postulado da insignificância e a função do direito penal: *"de minimis, non curat praetor"*. – O sistema jurídico há de considerar a relevantíssima circunstância de que a privação da liberdade e a restrição de direitos do indivíduo somente se justificam quando estritamente necessárias à própria proteção das pessoas, da sociedade e de outros bens jurídicos que lhes sejam essenciais, notadamente naqueles casos em que os valores penalmente tutelados se exponham a dano, efetivo ou potencial, impregnado de significativa lesividade.[18]

No acórdão, o Supremo Tribunal Federal manifestou-se favoravelmente à aplicação do "princípio" da insignificância, em conexão com os postulados da fragmentariedade e da intervenção mínima do Estado, em matéria penal, o que leva, segundo esse entendimento, ao consequente afastamento da tipicidade penal, mais precisamente de seu caráter material, fazendo, dessa forma, um juízo "negativo" de tipicidade.

---

18 BRASIL. Supremo Tribunal Federal. Recurso Ordinário em *Habeas Corpus* nº 107.264. Reclamante: A.P.E.P. Reclamado: Ministério Público Federal. Rel. Min. Celso de Mello. Brasil, 19 de abril de 2011. Disponível em: <http://www.stf.jus.br/portal/jurisprudencia/listarConsolidada.asp>. Acesso em: 02 jan. 2013.

Destacou o Supremo Tribunal Federal que, no caso em tela, está sobejamente comprovada a presença dos quatro vetores básicos para uma conduta ser classificada como insignificante, sob a ótica do Direito Penal, quais sejam: a mínima ofensividade da conduta do agente; a ausência de periculosidade social da ação; o reduzidíssimo grau de reprovabilidade do comportamento; e a inexpressividade da lesão jurídica provocada.

Vale transcrever o trecho do caso concreto em análise, que demonstra de forma cristalina o entendimento do Supremo Tribunal Federal:

> O postulado da insignificância – que considera necessária, na aferição do relevo material da tipicidade penal, a presença de certos vetores, tais como a mínima ofensividade da conduta do agente; a nenhuma periculosidade social da ação; o reduzidíssimo grau de reprovabilidade do comportamento e a inexpressividade da lesão jurídica provocada – apoiou-se, em seu processo de formulação teórica, no reconhecimento de que o caráter subsidiário do sistema penal reclama e impõe, em função dos próprios objetivos por ele visados, a intervenção mínima do Poder Público em matéria penal.[19]

Apesar de o Supremo Tribunal Federal, no julgamento do Recurso Ordinário em *Habeas Corpus* nº 107.264, ter se esforçado para fornecer critérios para aplicação do "princípio" da insignificância, em especial ao enumerar quais seriam os quatros vetores que devem estar presentes para um comportamento ser considerado insignificante, alguns questionamentos não foram respondidos de forma satisfatória, criteriosa e segura como, por exemplo, a seguir.

Qual o critério utilizado pelo relator e pelos outros Ministros que acompanharam seu voto, para definir o que vem a ser uma conduta com reduzidíssimo grau de reprovabilidade?

De onde são extraídos e quais são os critérios utilizados para os conceitos de inexpressividade da lesão jurídica provocada, bem como mínima ofensividade da conduta do agente e periculosidade social da ação?

Frisou o relator, Ministro Celso de Mello, que a tipicidade penal não pode ficar atrelada apenas a análise simplista da adequação do caso concreto à norma abstrata. Deve sempre ser feita uma exegese mais minuciosa dos fatos, para que possa ser constatada, ou não, a presença de uma lesão ao

---

19 BRASIL. Supremo Tribunal Federal. Recurso Ordinário em *Habeas Corpus* nº 107.264. Reclamante: A.P. E.P. Reclamado: Ministério Público Federal. Rel. Min. Celso de Mello. Brasil, 19 de abril de 2011. Disponível em: <http://redir.stf.jus.br/paginadorpub/paginador.jsp?docTP=TP&docID=1609492>. Acesso em: 02 jan. 2013.

bem jurídico protegido, e se ela pode ser considerada como penalmente relevante.

Aqui é possível questionar, já que no voto do relator e em nenhum outro momento do acórdão houve explicitação, o que pode ser compreendido como uma conduta penalmente relevante.

Em outras palavras, o que é, afinal, insignificante?

Tal conceito deriva de uma interpretação meramente subjetiva do julgador? A insignificância é definida em face do sujeito ativo ou conceituada, levando-se em consideração o sujeito passivo?

Por derradeiro, o questionamento: A insignificância de uma conduta é aferida com base no grau de lesão ao bem jurídico?[20]

O Supremo Tribunal Federal destacou, ainda, que a presença dos quatro vetores que dão ensejo à aplicação do "princípio" da insignificância são postulados de política criminal, e que o sistema jurídico penal, além de subsidiário, deve intervir minimamente nos direitos individuais, incidindo apenas quando for necessário para proteção da sociedade e para evitar danos aos valores penalmente consagrados, sustentando, dessa forma, uma relação entre o "princípio" da insignificância e a função do Direito Penal.

Um ponto merecedor de destaque no voto do relator, Ministro Celso de Mello, são os argumentos levantados no parágrafo anterior, quais sejam, o caráter fragmentário ou subsidiário do Direito Penal e sua função de intervenção mínima. São esses fundamentos centrais, e que servem de base para todo o raciocínio desenvolvido ao longo do recurso nº 107.264.

A intervenção mínima, função do Direito Penal segundo o relator, Ministro Celso de Mello, também conhecida como *ultima ratio*, preconiza que para a criminalização de uma conduta se legitimar é mister que se constitua meio necessário para prevenção de ataques aos bens jurídicos mais importantes. Nesse aparte, vale questionar:

Mas, o que é uma lesão grave, ou um bem jurídico relevante?

Quais são e quem define os valores utilizados para responder a esse questionamento?

É possível, ainda, problematizar essa questão da fragmentariedade e da intervenção mínima inquirindo se as razões éticas, morais e pragmatistas podem ser utilizadas para fundamentar uma decisão judicial?[21]

---

20 CHAMON JUNIOR, op. cit., 2006, p. 163.
21 CHAMON JUNIOR, op. cit., 2006, p. 151.

Antes mesmo do encerramento deste capítulo, é essencial retornar uma questão crucial no voto do relator. O Ministro Celso Mello explicitou em seu voto que os quatro vetores básicos que permitem compreender uma conduta como insignificante são *"postulados de política criminal"*.

Os "instrumentos de política criminal" passaram, especialmente após os estudos realizados por Roxin, a ganhar muito destaque em matéria penal, em especial na aplicação e leitura do "princípio" da insignificância. Ocorre que, alguns questionamentos ainda não foram levantados e enfrentados pelo Supremo Tribunal Federal. Dentre esses, há de se ressaltar:

Será realmente possível compreender o Direito Penal como um instrumento apto a realizar alguns objetivos político-criminais?[22]

Não obstante a importância desse questionamento acima pontuado, outras problematizações mais exatas e perfunctórias devem ser trazidas à reflexão nesse momento, tais como:

De que forma as questões de políticas-criminais devem ser amparadas pelo Direito Penal: em um processo democrático de construção do Direito, em que todos os cidadãos têm garantido o direito de participação, ou através de um processo jurisdicional de aplicação do Direito, no qual ficam a cargo do magistrado escolher quais são as finalidades político-criminais?[23]

Percebe-se, assim, que um dos principais argumentos utilizados pelo Ministro Celso de Mello, para aplicar o "princípio" da insignificância, no caso do Recurso Ordinário em *Habeas Corpus* nº 107.264 é a presença dos quatro vetores básicos anteriormente descritos, conectados ao caráter fragmentário do Direito Penal e a sua função de intervenção mínima.

Tudo isso relacionado a um raciocínio quase que em "cadeia". O Estado tem seu poder punitivo limitado pelo princípio da intervenção mínima, já que o legislador deve selecionar os bens mais importantes para fins de proteção pelo Direito Penal. Além disso, ainda no seu critério de seleção, o legislador deve observar quais são as condutas socialmente aceitas e toleradas, para delas também afastar a incidência do Direito Penal. Após essas fases, apenas uma parcela dos bens será tutelada pelo Direito Penal, e isso se deve ao seu caráter subsidiário ou fragmentário.

Após todos os argumentos expendidos, realça-se que para uma conduta ser típica, além de se subsumir a um tipo penal incriminador (tipicidade formal) e ser antinormativa, deve ser submetida à análise da presença ou

---

22   Ibid., p. 154.
23   CHAMON JUNIOR, op. cit., 2006, p. 154.

não de uma ofensa relevante ao bem jurídico protegido, ou seja, questiona-se a existência ou não da tipicidade material.

Se a lesão for mínima, ou de nenhuma monta, segundo os quatro vetores já citados, aplica-se o "princípio" da bagatela e o juízo de tipicidade será "negativo", já que o Direito Penal é fragmentário, isso sem deslembrar que, se assim for compreendido, estará sendo respeitada a função do Direito Penal, qual seja, intervir minimamente nas condutas humanas.

Em apertada síntese, é esse o entendimento e são esses os argumentos utilizados pelo Supremo Tribunal Federal, no caso em exame, que merece, por parte de estudiosos e analistas desse ramo do Direito, todos os questionamentos acima levantados.

22

Capítulo 2

Por um resgate do sentido constitucionalmente adequado dos princípios jurídicos à luz do direito moderno

No atual capítulo será realizada uma pesquisa na doutrina penal-constitucional brasileira e estrangeira a respeito do conceito de "princípios", buscando elucidar como a tradição jurídico-penal vem compreendendo o significado desse padrão (expressão de Ronald Dworkin).[1]

Após apreender e transcrever o conceito de princípios, para os juristas penais/constitucionais, procede-se a uma análise dessas definições à luz do sentido do Direito na Modernidade, qual seja, o reconhecimento de iguais liberdades fundamentais, na maior medida do possível, a todos os cidadãos. Eis, pois, dúvidas outras intrínsecas ao mote.

Será que a compreensão de princípios, como esta que tem sido desenvolvida pela *praxis* forense e pela tradição jurídico-penal, respeita a legitimidade do Direito diante da complexidade da sociedade moderna?

Qual conceito de princípios é compatível com a pluralidade axiológica da sociedade moderna?

Para responder a tais questões, é essencial retomar o conceito de "princípios" na doutrina penal e constitucional.

Alguns autores, desconsiderando a diferenciação funcional inerente à Modernidade, tratam princípios de forma generalizada, como sendo a base de todos os sistemas.

O jurista Ruy Samuel Espíndola aduz, em seu ensinamento, que princípio pode ter sua definição sintetizada nas seguintes palavras:

---
1 DWORKIN, op. cit., 2002, p. 36.

> Pode-se concluir que a ideia de princípio ou sua conceituação, seja lá qual for o campo do saber que se tenha em mente, designa a estruturação de um sistema de ideias, pensamentos ou normas por uma ideia mestra, por um pensamento-chave, por uma baliza normativa, donde todas as demais ideias, pensamentos ou normas derivam, se reconduzem e, ou se subordinam.[2]

Há doutrinadores que partem de leitura convencionalista do Direito e não compreendem o caráter normativo dos princípios, motivo pelo qual interpretam esse padrão, como fonte integradora do sistema jurídico, pressupondo a existência de lacunas.

Nesse sentido, vale colacionar algumas definições de princípios que elucidam bem o que foi exposto no parágrafo anterior.

Para o jurista e professor Edilson Mougenot Bonfim, princípios são:

> [...] aquelas normas que, por sua generalidade e abrangência, irradiam-se por todo o ordenamento jurídico, informando e norteando a aplicação e a interpretação das demais normas de direito, ao mesmo tempo em que conferem unidade ao sistema normativo e, em alguns casos, diante da inexistência de regras, resolvendo diretamente os conflitos.[3]

Seguindo essa leitura convencionalista do Direito acima mencionada, e pressupondo a existência das lacunas no Direito, ou seja, sua incompletude, Guilherme de Souza Nucci preconiza que: "(...) o conceito de princípio indica uma ordenação, que se irradia e imanta os sistemas de normas, servindo de base para a interpretação, integração, conhecimento e aplicação do direito positivo".[4]

Lado outro, a doutrina penal, ainda dentro de uma leitura convencionalista e devedora de uma compreensão do sentido normativo dos princípios, conceitua esse padrão como sendo a base axiológica do ordenamento jurídico.

Dentro desse diapasão, o jurista, filósofo e cientista político Miguel Reale conceitua princípios da seguinte forma:

> [...] são verdades fundantes de um sistema de conhecimento, como tais admitidos, por serem evidentes ou terem sidos comprovados, mas também por motivos de ordem prática,

---

2 ESPÍNDOLA, Ruy Samuel. *Conceito de princípios constitucionais*. 2ª ed. São Paulo: RT, 2002, p. 53.
3 BONFIM, Edilson Mougenot. *Curso de processo penal*. São Paulo: Saraiva, 2011, p. 66.
4 NUCCI, Guilherme de Souza. *Código penal comentado*. São Paulo: RT, 2010, p. 45.

de caráter operacional, isto é, como pressupostos exigidos pelas necessidades da pesquisa e da práxis.[5]

Ainda, dentro dessa linha conceitual – princípios como base axiológica –, Júlio Fabbrini Mirabete enuncia que princípios são:

> [...] premissas éticas, extraídas da legislação, do ordenamento jurídico. Está o Direito Penal sujeito às influências desses princípios estabelecidos com a consciência ética do povo em determinada civilização que pode suprimir lacunas e omissões da lei penal.[6]

Por sua vez, Denílson Feitoza reza em sua obra que princípios de direito são normas de caráter geral, que se constituem em diretrizes do ordenamento jurídico.[7] De semelhante valor, são as considerações de Hélio Tornaghi, ao dizer que princípios seriam dogmas que se inferem do estudo de determinada legislação.[8] Cleber Masson preconiza em seu *Código Penal Comentado* que os princípios são verdadeiros valores fundamentais que irão inspirar a criação e a manutenção do sistema jurídico.[9]

Existem juristas que, ao definir princípios, ignoram por completo a distinção existente entre discursos de justificação e aplicação da norma, utilizando esse padrão indistintamente como um argumento pragmatista (orientado a determinados fins). Acresce-se que o penalista Luiz Regis Prado delimita suas considerações sobre princípios da seguinte forma:

> Os princípios penais constituem o núcleo essencial da matéria penal, alicerçando o edifício conceitual do delito – suas categorias teóricas –, limitando o poder punitivo do Estado, salvaguardando as liberdades e os direitos fundamentais do indivíduo, orientando a política legislativa criminal, oferecendo pautas de interpretação e de aplicação da lei penal conforme a Constituição e as exigências próprias de um Estado democrático e social de Direito. Em síntese: servem de fundamento e de limite à responsabilidade penal.[10]

Ainda dentro de um conceito axiológico de princípios, desconsiderando a pluralidade e complexidade da Modernidade, Luiz Luisi enuncia que a presença da matéria penal nas Constituições modernas se faz através de princípios específicos de Direito Penal, melhor dizendo, de princípios de

---

5   REALE, Miguel. *Lições preliminares de direito*. 23ª ed. São Paulo: Saraiva, 1997, p. 299.
6   MIRABETE, Júlio Fabbrini. *Manual de direito penal*: parte geral. Rio de Janeiro: Atlas, 2011, p. 30.
7   FEITOZA, Denílson. *Direito processual penal*: teoria, crítica e práxis. Niterói: Impetus, 2008, p. 113.
8   TORNAGHI, Hélio. *Curso de processual penal*. São Paulo: Saraiva, 1995, p. 26.
9   MASSON, Cleber. *Código penal comentado*. São Paulo: Método, 2013, p. 5.
10 PRADO, Luiz Regis. *Curso de direito penal brasileiro*: parte geral, São Paulo: RT, 2010, p. 138.

Direito Penal Constitucional e de princípios constitucionais que exercem influência no campo penal.

Os princípios específicos de Direito penal:

> [...] concernem aos dados embasadores da ordem jurídico-penal, e lhe imprimem uma determinada fisionomia. Tais princípios arginam e condicionam o poder punitivo do Estado, e, segundo o magistério de F. Palazzo, situam a posição da pessoa humana no âmago do sistema penal.[11]

Lado outro, os princípios constitucionais vão orientar o legislador infraconstituinte na elaboração de normas penais incriminadoras que servirão de proteção aos valores transindividuais.[12]

Seguindo essa definição axiológica de princípio, desconsiderando a força normativa desse padrão, frisa-se, por oportuno, os ensinamentos do jurista Walter Claudius Rothenburg, de que princípios seriam a expressão primeira dos valores fundamentais expressos pelo ordenamento jurídico, informando materialmente as demais normas.[13]

Uma concepção de princípios penais, que merece atenção nessa dissertação é a citada na *Revista de Derecho Penal y Criminologia de Madrid* em artigo da lavra de Juan Antonio Martos Núñes intitulado "Princípios penales en el Estado Social y Democrático de Derecho".

O autor, assim como Claus Roxin, orienta sua definição de princípios por questões de política-criminal, não compreendendo, dessa forma, a modernização do Direito na Modernidade, qual seja, dentre outros fatores coimplicados, a diferenciação funcional do sistema do Direito do sistema da Política.[14]

Vale trazer à baila a definição ora citada:

> [...] pressupostos técnico-jurídicos que configuram a natureza, as características, os fundamentos, a aplicação e a execução do Direito penal. Constituem, portanto, os pilares sobre os quais assentam as instituições jurídicos-penais: os delitos, as contravenções, as penas e as medidas de

---

11 LUISI, Luiz. *Os princípios constitucionais penais.* 2ª ed. Porto Alegre: Sergio Antonio Fabris Editor, 2003, p. 14.
12 LUISI, op. cit., 2003, p. 14.
13 ROTHENBURG, Walter Claudius. *Princípios constitucionais.* Porto Alegre: Sergio Antonio Fabris Editor, 2003, p. 16.
14 CHAMON JUNIOR, op. cit., 2006, p. 151.

segurança, assim como critérios que inspiram as exigências político-criminais.[15]

O professor gaúcho Cesar Roberto Bitencourt preconiza que, nos dias atuais, após firmarem-se os ideais de liberdade e igualdade, apanágios do iluminismo, o Direito Penal ganhou traços formais muito menos cruéis, sendo os princípios verdadeiros limitadores do poder punitivo do Estado.

Assim sendo, para Bitencourt:

> Todos esses princípios são garantias do cidadão perante o poder punitivo estatal e estão amparados pelo novo texto constitucional de 1988. Eles estão localizados já no preâmbulo da nossa Carta Magna, onde encontramos a proclamação de princípios como a liberdade, igualdade e justiça, que inspiram todo o nosso sistema normativo, como fonte interpretativa e de integração das normas constitucionais, orientador das diretrizes políticas, filosóficas e, inclusive, ideológicas da Constituição, que, como consequência, também são orientativas para a interpretação das normas infraconstitucionais penais.[16]

Bitencourt conclui seu pensamento elucidando que os princípios constitucionais que tratam especificamente da matéria penal e se prestam a orientar o legislador ordinário para a adoção de um sistema de controle penal voltado para os direitos humanos e embasados em um Direito Penal da culpabilidade estão dispostos no artigo 5º da Magna Carta.[17]

Dentro da linha exposta por Bitencourt, valendo-se do conceito de princípio como um limite jurídico imposto ao legislador, Fernando Galvão, em sua obra *Direito Penal*, conceitua princípios da seguinte forma:

> Os princípios, justamente por fundamentarem toda a ordem jurídica, são orientadores seguros para o trabalho interpretativo das leis e a atuação concreta do operador do Direito. Nesse sentido, importa observar que são os princípios que orientam a relação de poder do Estado para com os membros da sociedade a que serve. No Estado Democrático de Direito, os princípios penais devem limitar a atividade repressiva, estabelecendo quais são as garantias inafastáveis da liberdade individual.[18]

---

15 MARTOS NÚÑES, Juan Antonio. Principios penales en el estado social y democrático de derecho. *Revista de Derecho Penal y Criminología*, Madrid. n. 1, 1991, p. 217-296.
16 BITENCOURT, op. cit., 2012, p. 47.
17 Ibid., 2012, p. 48.
18 ROCHA, Fernando A. N. Galvão da. *Direito Penal:* parte geral. Rio de Janeiro: Impetus, 2004, p. 67.

Ao definir princípios, alguns doutrinadores referem-se a eles como sendo estruturas distintas das normas, contudo, faz-se mister ressaltar que princípios são normas, sempre aplicáveis em face de qualquer caso tematizado. Dessa forma, a relação existente entre os princípios e regras não é de inclusão ou mesmo de integração, mas de distinção argumentativa.[19]

Dentro desse contexto, Celso Antônio Bandeira de Mello, em conceito muito difundido entre os doutrinadores pátrios, disponibiliza a seguinte conceituação de princípio:

> [...] é, por definição, mandamento nuclear de um sistema, verdadeiro alicerce dele, disposição fundamental que se irradia sobre diferentes normas compondo-lhes o espírito e servindo de critério para sua exata compreensão e inteligência exatamente por definir a lógica e a racionalidade do sistema normativo, no que lhe confere a tônica e lhe dá sentido harmônico.[20]

Duas definições de princípios que resgatam algumas considerações já tecidas neste capítulo e reforçam ainda mais uma compreensão axiológica desse padrão[21] são as de Canotilho e Alexy.

Para Canotilho, princípios seriam núcleos de condensações nos quais confluem valores e bens constitucionais.[22] O professor português de Direito Constitucional, na mesma linha de Robert Alexy, especifica seu conceito de princípios enfatizando:

> [...] os princípios são normas que exigem a realização de algo, da melhor forma possível, de acordo com as possibilidades fácticas e jurídicas. Os princípios não proíbem, permitem ou exigem algo em termos de tudo ou nada; impõem a optmização de um direito ou de um bem jurídico, tendo em conta a reserva do possível fáctica ou jurídica.[23]

É relevante, neste momento, trazer à baila um dos conceitos de princípios mais citados, festejados e difundidos no universo jurídico, definição essa delineada pelo professor alemão Robert Alexy. Em várias de suas obras, o referido ensinamento que traduz em palavras próprias a interpretação de princípio se presentifica. Desse modo, em um de

---

19 CHAMON JUNIOR, op. cit., 2006, p. 74.
20 MELLO, Celso Antônio Bandeira de. *Curso de direito administrativo*. 12ª ed. São Paulo: Malheiros Editores, 2000, p. 747-748.
21 DWORKIN, op. cit., 2002, p. 36.
22 CANOTILHO, José Joaquim Gomes. *Direito constitucional e teoria da Constituição*. Coimbra: Almedina, 2003, p. 1.255.
23 *Ibidem*.

seus livros, *Teoria dos Direitos Fundamentais*, Robert Alexy explicita tal concepção, reafirmando:

> [...] princípios são normas que ordenam que algo seja realizado na maior medida possível dentro das possibilidades jurídicas e fáticas existentes. Princípios são, por conseguinte, mandamentos de otimização, que são caracterizados por poderem ser satisfeitos em graus variados e pelo fato de que a medida devida de sua satisfação não depende somente das possibilidades fáticas, mas também das possibilidades jurídicas. O âmbito das possibilidades jurídicas é determinado pelos princípios e regras colidentes.[24]

Destacando, também, princípios, como mandamento de otimização, o que desde já implica no afastamento do código binário do Direito, vez que interpretar princípios como valores obriga o intérprete a se socorrer de um código gradual, o docente da UFRS, Humberto Ávila, traduz em sua obra a ideia de princípios, pronunciando:

> [...] Daí a definição de princípios como deveres de otimização aplicáveis em vários graus segundo as possibilidades normativas e fáticas: normativas, porque a aplicação dos princípios depende dos princípios e regras que a eles se contrapõem; fáticas, porque o conteúdo dos princípios como normas de conduta só pode ser determinado quando diante dos fatos.[25]

Recorrendo às lições de Luís Roberto Barroso, percebe-se o destaque dado ao caráter valorativo dos princípios, seguindo, o professor, a mesma linha de pensamento dos autores citados até o momento. Vale, portanto, acrescer a essa revisão os seus ensinamentos:

> O reconhecimento da distinção valorativa entre essas duas categorias e a atribuição de normatividade aos princípios são elementos essenciais do pensamento jurídico contemporâneo. Os princípios – notadamente os princípios constitucionais – são a porta pela qual os valores passam do plano ético para o mundo jurídico. Em sua trajetória ascendente, os princípios deixaram de ser fonte secundária e subsidiária do Direito para serem alçados ao centro do sistema jurídico.[26]

---

[24] ALEXY, Robert. *Teoria dos direitos fundamentais*. Trad. Virgílio Afonso da Silva. 2ª ed. São Paulo: Malheiros, 2008, p. 90.

[25] ÁVILA, Humberto. *Teoria dos princípios*: da definição à aplicação dos princípios jurídicos. São Paulo: Malheiros. 2009, p. 38.

[26] BARROSO, Luís Roberto (Org.). *A nova interpretação constitucional*: ponderação, direitos fundamentais e relações privadas. 3ª ed. Rio de Janeiro: Renovar, 2008, p. 144.

Dentro dessa leitura convencionalista do Direito, que compreende esse padrão[27] como sendo valores – existindo, portanto, diversos graus de abstração – o que mais uma vez, frisa-se, contrário ao código binário – não gradual – do Direito, Ivo Dantas corrobora que os princípios são exatamente:

> [...] categoria lógica e, tanto quanto possível, universal, muito embora não possamos esquecer que, antes de tudo, quando incorporados a um sistema jurídico-constitucional positivo, refletem a própria estrutura ideológica do Estado, como tal, representativa dos valores consagrados por uma determinada sociedade.[28]

O constitucionalista português Jorge Miranda também ressalta o caráter axiológico dos princípios, ao conceituar este padrão, da seguinte forma:

> O Direito não é mero somatório de regras avulsas, produto de atos de vontade ou mera concatenação de fórmulas verbais articuladas entre si; o Direito é ordenamento ou conjunto significativo e não conjunção resultante de vigência simultânea; é coerência ou, talvez mais rigorosamente, consciência; é unidade de sentido, é valor incorporado em regra. E esse ordenamento, esse conjunto, essa unidade, esse valor, projeta-se ou traduz-se em princípios, logicamente anteriores aos preceitos.[29]

Após a apresentação dos conceitos de "princípios" para a doutrina penal e constitucional, percebe-se que, apesar da forma diversa de se definir o que vem a ser esse padrão – expressão de Ronald Dworkin[30] –, a essência do conceito é muito semelhante, de modo que somam paráfrases ou reescritas de uma mesma compreensão.

Com uma leitura pretensamente constitucional e supostamente orientada à realização de um Estado Democrático de Direito, as definições acima mencionadas compreendem "princípios" como sendo a base axiológica do ordenamento jurídico como um todo, sendo, ainda, influenciadores na construção das regras. Em outras palavras, seriam fundamentos ético-valorativos das regras e do sistema jurídico (*ratio* das regras), a base do próprio Sistema jurídico[31].

---

27 DWORKIN, op. cit., 2002, p. 36.
28 DANTAS, Ivo. *Princípios constitucionais e interpretação constitucional*. Rio de Janeiro: Lumen Juris, 1995, p. 59.
29 MIRANDA, Jorge. *Manual de direito constitucional*. 4ª ed. Coimbra: Coimbra Editora, 1990, p. 197-198.
30 DWORKIN, op. cit., 2002, p. 36.
31 CHAMON JUNIOR, op. cit., 2006, p. 74.

2.1. DE UMA COMPREENSÃO AXIOLÓGICA À DEONTOLÓGICA: POR UMA RECOLOCAÇÃO DOS PRINCÍPIOS CONSTITUCIONAIS-PENAIS

Torna-se necessário, nesse exato momento, problematizar o conceito de princípios cunhado pela doutrina penal-constitucional nacional e estrangeira, pois só assim será possível elucidar se aludida definição respeita ou não a legitimidade do Direito, diante da complexidade da sociedade moderna.

Posto isso, é imperioso o resgate do seguinte questionamento: Qual será o risco a que o Direito está exposto, quando se compreende "princípios" como sendo um "valor", assim como é compreendido pela tradição jurídico--penal e constitucional?

Antes mesmo de se eleger uma possível resposta a esse questionamento, algumas observações devem ser evidenciadas para melhor compreensão da resposta.

Primeiramente, deve ser frisado que a sociedade moderna é plural do ponto de vista axiológico – valores – e que não existe um *ethos* compartilhado por todos.

Em um segundo momento, ao se almejar levar a sério o projeto moderno de construção do Direito, observa-se ser possível caminhar em um único sentido, qual seja, o do igual reconhecimento de liberdades fundamentais a todos, na maior medida possível.

Assim sendo, viver em uma sociedade plural, onde os valores de um determinado indivíduo ou grupo não são compartilhados por todos, impossibilita ao sistema do Direito constituir um fator de homogeneização ético-valorativa de uma sociedade que se pretenda democrática, muito, antes, pelo contrário, deve garantir, sim, uma esfera privada de construção de identidades pessoais e uma esfera pública de construção democrática[32]. Na Modernidade, os valores são altamente controversos.

Em terceiro momento, deve-se ter a exata noção de que o código do Direito é binário (licitude/ilicitude) e não gradual, como ensina Niklas Luhmann, em sua Teoria dos Sistemas. Assim, em uma perspectiva jurídica, os princípios jurídicos não são mais ou menos importantes, ou seja, não se confundem com valores, exatamente por terem uma lógica argumentativa binária e não gradual, conforme mencionado neste estudo.

Feitas essas colocações e partindo do paradigma procedimental do Estado Democrático de Direito, torna-se possível responder ao questionamento acima proposto.

---
32 CHAMON JUNIOR, op. cit., 2006, p. 97.

Para isso, é válido retomar o exato escólio do prof. Lúcio Antônio Chamon Junior, que, em sua obra *Teoria Constitucional do Direito Penal*, assim professa:

> Os direitos fundamentais, pois, cobram centralidade no Direito moderno exatamente porque são o que possibilitam, de um ponto de vista institucional, a garantia dessas esferas de autonomia. Assim, se todos temos iguais liberdades subjetivas de construção de um espaço privado e, pois, de uma identidade que, portanto, abarca a possibilidade de assunção pessoal de crenças e valores, por outro lado, o Direito jamais pode ser encarado como instrumento de homogeneização ético-valorativa de uma sociedade que se pretenda democrática, isto é, garantidora de iguais espaços privados de construção da personalidade. Do contrário, se assumíssemos o Direito como dotado da missão de garantir os "valores" eleitos como os supostos valores da sociedade, incorreríamos na exata contradição de, simultaneamente, negar *igual reconhecimento de liberdades a todos no que tange à sua própria construção de identidade.*[33]

Ou seja, compreender "princípios" como sendo a base axiológica do sistema jurídico, como vem sendo compreendido pela tradição jurídico--penal e constitucional, implica ir contra o próprio sentido do Direito na Modernidade, "sufocando" as garantias fundamentais e liberdades subjetivas de determinados cidadãos ou grupos que possuem valores e crenças diversos, isso tudo atrelado ao fato de que, como já dito alhures, a sociedade moderna é plural do ponto de vista axiológico, não existindo um *ethos* compartilhado por todos. Os valores de um aplicador do Direito não são compartilhados por todos, não raramente, compartilhados apenas por seu grupo.

Os princípios não podem ser confundidos com valores[34], pois, se assim fosse, haveria de se colocar, para dentro da argumentação jurídica, argumentos parciais (nossos valores) e, portanto, ilegítimos e irracionais, contrários, pois, ao sentido do Direito na Modernidade.

Não se pode olvidar também que "valores" seguem um código gradual e não binário, como é o código do Direito (licitude/ilicitude). Por serem

---
33 CHAMON JUNIOR, op. cit., 2006, p. 98.
34 "O conceito alexyano de princípios como comando otimizável, desde já, desperta a atenção para o perigo que pode surgir, quando, nesse momento, um modelo de valores é projetado numa teoria da estrutura normativa" (CATTONI DE OLIVEIRA, Marcelo Andrade. *Tutela jurisdicional e estado democrático de direito*: por uma compreensão constitucionalmente adequada do mandado de injunção. Belo Horizonte: Del Rey, 1998, p. 141.)

graduais, os valores sempre apelam para argumentos de maior ou menor importância dos princípios envolvidos e isso se dá com base na medida de um padrão valorativo, que é particular e, portanto, incapaz de racionalmente ser validado pela pluralidade (axiológica) dos cidadãos.[35]

E, mais, uma perspectiva axiológica acaba por tornar o Direito algo extremamente irracional, fruto das vontades dos juízes.[36]

Habermas questiona e critica o tratamento axiológico que é dado aos princípios, pois, se assim se faz, confere-se um papel estritamente teleológico aos juízes. Jürgen Habermas compreende que os princípios possuem um caráter deontológico, submetendo-se ao código binário do Direito (licitude/ilicitude) e não a uma escala de valores. Os princípios não concorrem entre si, para serem aplicados, pelo contrário, é o operador do Direito que deve adequá-los ao caso concreto.[37]

Princípios são normas, sentidos normativos interpretáveis em consonância a essa prática social – Direito – em movimento constante.[38] Princípios não podem ser confundidos com valores, nem serem interpretados no sentido de se alcançar determinado objetivo político. É exatamente nesse sentido que Ronald Dworkin ensina que argumentos de princípios são utilizados nas decisões judiciais e argumentos políticos são de competência do legislador, não podendo os primeiros serem sobrepostos aos segundos. Argumentos de princípios são verdadeiros trunfos na argumentação em face de argumentos políticos.[39]

Não é possível, em um caso concreto, deixar de se reconhecer direitos ou deveres com supedâneo em argumentos políticos, em vez de assumir como determinantes não os próprios princípios jurídicos, mas as consequências positivas ou desastrosas do reconhecimento daqueles, em uma dada situação.[40]

Em um juízo de adequabilidade normativa, e isso se deve muito a Klaus Günther, é somente com a reconstrução do fato concreto – argumentos apresentados pelas partes – e do próprio Direito, que se consegue desvelar a norma adequada para o caso concreto, pois, a princípio, todas as

---

35 CHAMON JUNIOR, op. cit., p. 99.
36 OMMATI MEDAUR, José Emílio. *Liberdade de expressão e discurso de ódio na Constituição de 1988*. Rio de Janeiro: Lumen Juris, 2012, p. 137.
37 CRUZ, Álvaro Ricardo de Souza. *Jurisdição constitucional democrática*. Belo Horizonte: Del Rey, 2004, p. 243.
38 CHAMON JUNIOR, Lúcio Antônio. *Teoria da argumentação jurídica*: constitucionalismo e democracia em uma reconstrução das fontes no direito moderno. 2ª ed. Rio de Janeiro: Lumen Juris, 2006, p. 245.
39 CHAMON JUNIOR, op. cit., p. 99-100.
40 CHAMON JUNIOR, op. cit., 2006, p. 100.

normas são *prima facie* aplicáveis. Todo esse esforço interpretativo, para encontrar a resposta correta,[41] deve ser orientado pelo sentido do Direito na Modernidade, qual seja, o de se reconhecer maior liberdade subjetiva a todos, na maior medida do possível, o que, por si só, já demonstra, como ora afirmado, a impossibilidade de conceber "princípios" como sendo a base axiológica do ordenamento jurídico.

2.2. DA "CRIAÇÃO" DOS PRINCÍPIOS PELOS TRIBUNAIS À LUZ DA TEORIA DOS SISTEMAS SOCIAIS DE FUNÇÃO

Segundo a tradição jurídica, o que ficou sobejamente demonstrado anteriormente, princípios seriam compreendidos como valores e o Direito, como um sistema incompleto que necessitaria da presença desse padrão, para, entre outras funções, servir como elemento ou fonte integralizadora de todo o ordenamento.

Mas, já se sabe quais são os riscos a que o Direito fica exposto, quando se compreende princípios como valores. Isso sem olvidar que, assim interpretando, o Direito fica vulnerável a inúmeras respostas para solução do caso concreto, todas "adequadas", sendo atribuídos incontáveis sentidos a esses padrões.

Inúmeros princípios jurídicos estão expressos no ordenamento constitucional. Outros, apesar de não estarem positivados no texto legal, também fazem parte do Direito, afinal, reduzir a Constituição a folhas de papel implicaria assumir uma leitura convencionalista e reduzida do conceito de norma.[42]

O "princípio" da insignificância, como já mencionado alhures, não está expresso no ordenamento jurídico brasileiro, fato que não é ensejador de nenhuma problematização, uma vez que não se pode compreender "norma" como sendo aquilo convencionado jurisprudencial ou legislativamente.[43]

Ocorre que, como restou comprovado acima, a tradição penal--constitucional faz uma leitura convencionalista do Direito, – norma é uma questão de convenção, judicial ou jurisprudencial. Será que assim interpretando o sistema jurídico, para casos como o do Recurso Ordinário

---

41 "A grande questão é que, para se alcançar a única decisão correta, não haverá uma fórmula para tanto, ao contrário do princípio da proporcionalidade. Aquele que decide precisa estar aberto e ser sensível para o caso, para reconstruí-lo na sua melhor luz, deixando falar os envolvidos e deixando vir à tona as pré-compreensões inerentes ao ato de julgar" (OMMATI MEDAUR, p. 142-143).
42 CHAMON JUNIOR, op. cit., 2009, p. 246.
43 *Ibidem*.

em *Habeas Corpus* nº 107.264, não estaria o tribunal "criando" e aplicando o princípio por ele "criado"?

Antes mesmo de se eleger a resposta adequada ao questionamento acima apresentado, faz-se necessário explanar alguns conceitos básicos desenvolvidos na Teoria Social dos Sistemas de Função que, além de permitir a reconstrução do caso concreto, serão necessários para uma compreensão mais aprofundada da pergunta acima elaborada e ensejará uma resposta mais qualificada.

Parte-se, assim, para a descrição dos conceitos desenvolvidos por Luhmann em sua teoria sociológica.

A Teoria Sistêmica de cunho autopoiético[44] elaborada por Niklas Luhmann é de grande valia na reconstrução do caso concreto apresentado neste trabalho, isso sem olvidar que referida teoria também foi objeto de estudos de Jürgen Habermas.

Ademais, é de suma importância resgatar os conceitos da Teoria do Sistema de Nilkas Luhmann, à medida que a sociedade moderna não é centrada, não possui mais um núcleo que determina todas as questões, mas, pelo contrário, a Modernidade é funcionalmente diferenciada. São os próprios sistemas (Direito, Economia, Política, Religião, dentre outros) que determinam o que eles próprios são. O Direito, por exemplo, organiza a si mesmo e com autonomia traça os seus próprios limites.[45] Assim sendo, os estudos desenvolvidos por Luhmann são de extrema relevância nesse momento.

Humberto Maturana e Francisco Varella, dois biólogos chilenos, desenvolveram o conceito de autopoiesis, ao tentarem definir o que é um ser vivo (reprodução celular).[46] Segundo eles, o ser vivo é caracterizado por formar uma unidade diferente do meio, criando dois espaços: um interno e outro externo.[47] Isso porque, ao mesmo tempo em que ele é fechado do ponto de vista operacional, quanto à construção e reprodução de seus próprios elementos, é aberto do ponto de vista cognitivo, do fluxo

---

[44] "O conceito de autopoiese tem origem na teoria biológica de Maturana e Varela. Etimologicamente, a palavra deriva do grego *autos* (por si próprio) e *poiesis* (criação, produção). Significa inicialmente que o respectivo sistema é construído pelos próprios componentes que ele constrói" (NEVES, Marcelo. *Constituição simbólica*. São Paulo: Acadêmica, 1994, p. 113).

[45] TEUBNER, Gunther. *The global bukowina on the emergence of a transnational legal pluralism*. Universität Frankfurt am Main, Alemanha 2002, p. 17.

[46] LUHMANN, Niklas. *Introdução à teoria dos sistemas*. Trad. Ana Cristina Arantes Nasser. Petrópolis: Vozes, 2010, p. 121.

[47] LUHMANN, op. cit., 2010, p. 122.

de matéria, ou seja, sofre influência do meio ambiente, que é de seu conhecimento.

O ser vivo possui capacidade de produzir continuamente a si próprio, através de mecanismos internos, sendo, porém, do aspecto cognitivo, aberto ao ambiente. Isso é autopoiesis, segundo a formulação dada pelo campo da biologia, formulação esta que, antes de ser apoderada pelas Ciências Sociais, foi utilizada também pela área da cibernética.

Maria Fernanda Salcedo Repolês introduz, de forma clara e concisa, os ensinamentos de Niklas Luhmann nas seguintes palavras:

> Luhmann descreve a sociedade como um conjunto de subsistemas funcionalmente diferenciados, que historicamente foram se especificando no processo de modernização. Entre eles há uma relação "sistema-mundo circundante". Isto é, frente a cada subsistema, os outros se apresentam como "ambiente", "autopoieticamente", o que significa que cada subsistema opera conforme sua própria linguagem, sendo, em relação aos outros, fechado operacionalmente e aberto cognitivamente. A implicação disso é que um sistema consegue, no máximo, "irritar" os outros, mas nunca exercer um papel regulador. Dentro dessa perspectiva, não cabe mais falar num Direito que pretenda regular todas as relações sociais. O Direito é mais um subsistema cuja função é de estabilizar expectativas de comportamento, contrafactualmente.[48]

A partir dos conceitos de Maturana e Varella, Luhmann enuncia que compreender um sistema como sendo autopoiético equivale a conceber que o sistema é aquilo que o próprio sistema produz e reproduz.[49] É o próprio sistema que, simultaneamente fechado e aberto, cognitivamente, produz seus elementos e estruturas.

Para Luhmann, o Direito moderno descreve a si próprio, em outras palavras, se autodescreve como sendo positivo. Por ser um subsistema social que se autodescreve (o Direito é que diz o que é e o que não é Direito), o autor alemão acaba por superar uma antiga compreensão que entendia estar o Direito positivo fundado em um direito natural.[50]

---

[48] REPOLÊS SALCEDO, Maria Fernanda. *Habermas e a desobediência civil*. Belo Horizonte: Mandamentos, 2003, p. 45-46.
[49] CHAMON JUNIOR, op. cit., 2010, p. 89.
[50] Ibid., p. 90.

Luhmann vai dizer que o que determina o Direito são operações sociais, operações do próprio sistema jurídico, que vão permitir assim, diferenciar o sistema de seu ambiente. Ambiente é tudo aquilo que não é sistema.

Antes de prosseguir com as ponderações sobre a teoria do sistema, é pertinente destacar outros ensinamentos de Chamon, que atentam para a ideia de "indicação", tema de grande valia para a teoria luhmanniana, pois, ao "indicar" alguma coisa, é possível diferenciá-la de todo o resto. Ambiente, por exemplo, é tudo aquilo que não é o sistema; é o outro lado da forma. Vale frisar, dentro desse contexto, a ideia de "forma" para a teoria sistêmica:

> Forma é, pois, aquilo a partir do qual se pode realizar distinções entre um lado positivo e, portanto, um lado negativo dessa mesma forma (+/ -). Assim, se indicamos, por exemplo, o sistema biológico, surge como lado positivo de uma forma, o próprio sistema biológico, aquilo indicado ou distinguido de todo o resto, e como lado negativo podemos observar tudo aquilo que não seja o próprio sistema biológico, o que inclui, mas nele não se esgota, os sistemas psíquicos e social (...). Com isso temos clara a ideia de que para cada indicação, sempre surge um ambiente específico: para cada sistema indicado no lado positivo da forma, surge um ambiente que lhe é próprio, específico dessa indicação, razão pela qual podemos afirmar que cada sistema tem a si referido um ambiente que jamais pode ser observado como ambiente de outro sistema. Afinal, o sistema, a partir do momento em que se constrói autopoieticamente, se diferencia, em razão de suas operações, de todo o resto.[51]

Para a teoria sistêmica, a noção de forma permite afirmar que o sistema e o ambiente são as duas faces da mesma forma.[52] Portanto, se compreende um lado como sendo Direito, o outro lado, que lhe é simultâneo, será tudo aquilo que não é o Direito.

O sistema jurídico constitui-se de um emaranhado recursivo de operações fáticas que, sendo sociais, são comunicações. Essa comunicação, enquanto operação do sistema social, ocorre através do meio que é a linguagem.[53]

Por ser o Direito um sistema diferenciado de seu ambiente, que opera a si mesmo, isso significa que se trata de sistema fechado do ponto de vista

---
51 CHAMON JUNIOR, op. cit., 2009, p. 163-164.
52 LUHMANN, op. cit., 2010, p. 86.
53 LUHMANN, op. cit., 2010, p. 82.

operacional. E aqui deve ser feita uma importante observação. O fato de ser fechado, operacionalmente, não implica isolamento do sistema, muito pelo contrário, existe, sim, uma relação de dependência entre o sistema do Direito e seu ambiente. Enfim, ser fechado significa que o sistema possui operações próprias, estruturas próprias, dentre outras implicações.

Existe uma abertura cognitiva. O sistema conhece seu ambiente e com ele troca informações, estímulos e irritações, contudo, a resposta a esses estímulos é determinada internamente pelo próprio sistema, visto ser autopoiético e fechado do ponto de vista operacional.

Com relação à abertura cognitiva do sistema jurídico, é de se pontuar que o fato de ser aberto ao ambiente não significa, como ressaltado, que o sistema será determinado pelo seu ambiente, pois, se isso ocorrer, haverá a chamada *corrupção do sistema* por seu ambiente. Frisa-se, ainda, que existe um acoplamento estrutural entre o sistema e seu ambiente, mas esse se dá de maneira seletiva, contingente, pois o sistema não possui capacidade para responder, ponto a ponto, a imensa possibilidade de estilos provenientes do ambiente, havendo, portanto, a realização de um recorte no ambiente, e essa parcela recortada se acoplará ao sistema.[54] Haverá o que é chamado pela Teoria do Sistema de redução de complexidade.

Para Luhmann, a complexidade significa um excesso de possibilidades, uma infinitude de estímulos possíveis.[55] Pode-se dizer que é o conjunto de possibilidades de eventos, ou seja, a totalidade dos eventos possíveis.[56]

A complexidade inerente ao ambiente deve ser reconhecida e reduzida e é nesse sentido que se realiza o recorte.

Esse recorte é determinado de forma seletiva (contingência) pelo próprio sistema.[57] A complexidade está diretamente ligada ao conceito de

---

54 Ibid., p. 131.
55 Ibid., p. 45.
56 Ibid., p. 184.
57 "O sistema pode reagir a irritações e estímulos (perturbações na linguagem de Maturana), não quando tudo pode influir no sistema, mas somente quando existem padrões altamente seletivos. Ou seja, o sistema reage apenas quando pode processar informação e transformá-la em estrutura. As irritações surgem de uma confrontação interna (não especificada, num primeiro momento), entre eventos do sistema, e possibilidades próprias, que consistem, antes de tudo, em estruturas estabilizadas, expectativas. Portanto, não existe nenhuma irritação no meio do sistema, assim não existe transferência de irritação do meio para o sistema. Trata-se sempre de uma construção do próprio sistema; é sempre uma autoirritação (naturalmente posterior a influxos provenientes do meio). É possível dizer, então, que a seleção de acontecimentos ocorridos no meio – e capazes de produzir efeitos no sistema – é condição de possibilidades para que o sistema, com esse espectro tão seletivamente depurado, possa empreender algo. Ou, falando de maneira abstrata: a redução de complexidade é condição para o aumento de complexidade" (CHAMON JUNIOR, Lúcio Antônio. *Filosofia do direito na alta modernidade*: incursões teóricas em Kelsen, Luhmann e Habermas. 2ª ed. Rio de Janeiro: Lumen Juris, 2007).

contingência. Dessa forma, o sistema irá reduzir a complexidade de maneira seletiva, ou melhor dizendo, contingente. Toda redução de complexidade implica em aumento da complexidade.[58]

Assim percebe-se que, ao se afirmar que o sistema do Direito é fechado, do ponto de vista operacional, é equivalente a enunciar que apesar das influências sofridas pelo Direito – e por qualquer outro subsistema –, este não é determinado externamente (não é alopoiético), pois é o próprio Direito que diz o que é e o que não é Direito.

A título de esclarecimento e em contraposição à definição de autopoiésis, foi elaborado o conceito de alopoiesis, para caracterizar um sistema que não funciona por meio de operações próprias, sendo não apenas influenciado, mas também determinado por fatores externos.

Retomando o assunto da contingência, é essencial reportar, ainda, antes de prosseguir pelo tema, ao que a teoria sociológica entende por dupla contingência. A situação de dupla contingência ocorre quando, numa relação interpessoal, as duas pessoas envolvidas só podem esperar o inesperado, não possuem expectativas recíprocas, visto que há, nesse momento originário de complexidade, uma contingência, tanto no comportamento de uma quanto no da outra, entendendo-se, aqui, contingente como sendo aquilo que não é impossível, não é necessário, mas é meramente possível.

Tal situação de dupla contingência só pode ser quebrada dentro da própria relação interpessoal, pois, no instante em que uma das pessoas envolvidas faz algo, surge, para a outra, uma pauta de possibilidades, estabelecendo-se, ainda que embrionariamente, uma comunicação. Essa comunicação, para Luhmann, é um processamento de seleção, ou seja, a pessoa observa, processa a ação do outro e faz uma escolha, pondo fim à dupla contingência, e possibilitando a criação de uma ordem, de uma organização social.

É de se observar, então, que, para Luhmann, a sociedade se compõe de comunicações, como já mencionado neste trabalho.[59] Agora, sim, é pertinente passar a outras definições e assuntos tratados por Luhmann, em sua teoria sociológica.

Ao operar, o que só ocorre no presente, o sistema remete a ele mesmo, a toda a sua rede de operações passadas, reproduzindo a si mesmo e assim determinando o que pertence a si próprio e o que é seu ambiente, aquilo que não lhe pertence (autopoiésis). O Direito é autopoiético. Nessa trilha,

---

58 LUHMANN, op. cit., 2010, p. 132.
59 CHAMON JUNIOR, op. cit., 2007, p. 90.

enquanto sistema autopoiético, é o Direito que produz o Direito, de modo que só o Direito pode dizer o que é Direito e o que não o é.

Ser autopoiético significa que, além de estabelecer sua própria ordem, o Direito produz suas próprias estruturas e organização interna.

Nesse sentido, vale a pena citar o seguinte trecho da obra de Luhmann, *Sociologia do Direito*:

> [...] a diferenciação do direito não quer dizer que o direito não tem nada a ver com as outras estruturas, regulamentações e formas de comunicação social e estaria como que solto no ar; mas tão só que agora o direito está mais consequentemente adequado à sua função específica de estabelecer a generalização congruente de expectativas comportamentais normativas, aceitando dos outros âmbitos funcionais apenas aquelas vinculações e aqueles estímulos que sejam essenciais para essa função especial.[60]

Pelo fato de o Direito operar (sempre no presente)[61] a si mesmo, recursivamente, recorrendo a operações passadas, que são comunicações, isso permite apontá-lo como um sistema histórico. As comunicações para Luhmann apresentam as funções de serem fatores de produção e conservação das estruturas do sistema, funções estas que, segundo Chamon, também remetem ao seu caráter histórico.

Dizer que o Direito opera comunicativamente leva à percepção de que o sistema jurídico pertence à Sociedade, pois esta engloba todas as comunicações.

O mais amplo e complexo sistema social é a sociedade, constituída por todas as comunicações existentes. Enquanto sistema mais abstrato, a sociedade possibilita a existência das demais classes de sistemas sociais, situadas nos níveis inferiores de abstração (interações e organizações). Por ser o sistema global, a sociedade dá suporte, através das operações de diferenciação/especialização de funções, aos vários subsistemas, como por exemplo, economia, política, direito, religião, educação, moral, ciência, dentre outros.[62]

Mas, se as comunicações não são operações exclusivas do sistema jurídico, e se a Sociedade engloba todas as comunicações, como diferenciar o sistema do Direito dos outros sistemas?

---

60 LUHMANN, Niklas. *Sociologia do direito*. Rio de Janeiro: Tempo Brasileiro, 1985, p. 19.
61 LUHMANN, op. cit., 2010, p. 113.
62 LUHMANN, op. cit., p. 168.

Como diferenciar o subsistema social que é o Direito do seu ambiente? Será que o Direito realmente opera de maneira enclausurada?

Faz-se necessário, nesse exato momento, destacar uma das estruturas do sistema, mais precisamente o código, sendo o do Direito objeto de interesse nesta pesquisa.

Cada subsistema social funciona através de um código binário que lhe é próprio, tais como ético e não ético, verdadeiro ou falso, ter ou não ter etc. O código do Direito, que aqui tem especial interesse, é o de licitude/ilicitude.

Dentro desse contexto, vale ressaltar um trecho da obra de Chamon Junior, que de forma bastante elucidativa, permitirá responder aos questionamentos acima levantados:

> Como o autor esclarece, todos os comportamentos ou são proibidos, ou são permitidos, sem que com isto haja a consideração necessária de que todos os comportamentos são operações referidas internamente ao sistema jurídico. Isto porque as operações dos sistemas não podem ser compreendidas como meros comportamentos, mas antes como comunicações que, em razão da clausura operacional, referem-se de maneira recursiva a outras comunicações do próprio sistema, permitindo, assim, a construção do sentido e estabelecimento de uma capacidade de conexão. Mas referida comunicação há que ser especificada sob pena de se confundir com a totalidade da Sociedade, com o universo de comunicações constitutivas da Sociedade. E é aqui que desponta a relevância do código do sistema: somente comunicações que adjudiquem, imprimam os valores licitude/ilicitude – *Recht/unrecht* – é que poderão ser consideradas como comunicações estabelecidas no sistema do Direito.[63]

O Direito é, portanto, para Luhmann, uma comunicação especializada dentro da comunicação geral, que organiza essa realidade a partir do código binário licitude/ilicitude, configurando-se como um sistema autopoiético na medida em que é fechado do ponto de vista operacional ou normativo, já que somente o Direito cria o Direito (o sistema é aquilo que ele produz e reproduz)[64], mas é aberto do ponto de vista cognitivo, no sentido de que o Direito conhece o seu ambiente.

---

63 CHAMON JUNIOR, op. cit., 2010, p. 96.
64 Ibid., p. 89.

É o código que dará a unidade do sistema (diferença sistema/ambiente). É ele quem permitirá dizer se uma comunicação é ou não jurídica, ou seja, se essa operação orienta-se ou não pelo código licitude/ilicitude.

Contudo, deve ficar claro que a ilicitude não se confunde com o não Direito. O não Direito é o ambiente do sistema jurídico, já a ilicitude possui o sentido de contrariedade ao sistema do Direito.

Então, o que significa dizer que uma conduta é ilícita?

De novo, é pertinente buscar auxílio no escólio de Chamon Junior, que assim ensina:

> [...] implica afirmar que uma determinada conduta não é capaz de ser interpretada coerentemente como assumindo, de forma realizativa o sistema de princípios que é o Direito; significa sustentar argumentos de que a conduta concretamente tomada em conta infringe um dever jurídico capaz de em face de um caso concreto, ser reconstruído argumentativamente. Assumimos, pois, o ilícito como algo a ser argumentativamente constatado em face do *sistema jurídico*, isto é, em face de todas as normas jurídicas argumentativamente, e em princípio, aplicáveis. Não sabemos se uma conduta é "lícita" ou "de levar o Direito como ilícita" desde sempre (...). A tarefa que deve ser assumida é no sentido um sistema de princípios tão somente *em princípio* aplicáveis. Isto porque é a argumentação das partes, levando em conta os argumentos que consideram relevantes na reconstrução do caso e do Direito, que sempre permite uma elucidação e juízos de correção normativa adequados".[65]

Mas, não é só o código que permitirá essa diferenciação, a função sistêmica, juntamente com o código, traz essa unidade.

Foi afirmado, recorrentemente, que o código do Direito é binário (licitude/ilicitude), mas, e a função do Direito para Luhmann, qual é?

Para a teoria sistêmica, o Direito possui a função de estabilizar normativamente comportamento diante de um futuro incerto.[66] Para Luhmann, e aqui vale retomar o que já foi ressaltado no início deste capítulo, com a Modernidade, cada sistema passou a ter uma função que lhe é própria; em outras palavras, cada sistema possui uma função que não pode ser referida a outro sistema.

---

65 CHAMON JUNIOR, op. cit., 2006, p. 198.
66 LUHMANN, Niklas. *El derecho de la sociedad*. Trad. Javier Torres Nafarrate. México: Universidad Iberoamericana, 2002, p. 94.

Observe-se pelas palavras de Chamon Junior:

> Para Luhmann, cada sistema, com a Modernidade, passou por uma especialização funcional. Equivale dizer que cada sistema, nesse processo de diferenciação funcional, passou a ter referida uma função própria que não é capaz de ser referida a nenhum outro sistema. Afinal, o que marca esse processo de diferenciação funcional é, exatamente, o fato de cada um desses sistemas sociais passarem, com o advento da Modernidade, a se construírem referidos a funções diferenciadas. E por função entende a Teoria dos Sistemas um *problema* a ser enfrentado por cada sistema e que não cabe a nenhum outro sistema. Assim, assume que a função do sistema do Direito é a de estabilização de expectativas de comportamento.[67]

Percebe-se, dessa forma, que o código e a função do sistema permitem abalizar a diferenciação sistêmica.

Por outro lado, é mister atentar para o fato de que, apesar de a função do sistema jurídico e do código (licitude/ilicitude) permitir vislumbrar a diferenciação sistêmica como aludido, não permite concluir que o sistema é operacionalmente fechado, e aqui é necessário retomar o tema clausura operacional, bem como explicitar alguns conceitos trazidos pela Teoria dos Sistemas, em especial, as definições de observação e de autorreferências, sem esquecer, obviamente, a ideia de heterorreferência.

A observação é uma operação do sistema que, enquanto tal, produz um novo estado no sistema observador. O sistema se auto-observa (autorreferência no sentido de autodescrição), ou seja, observa-se como distinto de seu ambiente (heterorreferência)[68], sem que isso impeça que o sistema seja também objeto de observação de outros sistemas. O sistema é a única referência de si mesmo.

---

67 CHAMON JUNIOR, op. cit., 2007, p. 165.

68 "As próprias operações de base do sistema pressupõem uma observação, pois, se não houver uma 'auto-observação' simultânea o sistema não é capaz de operar a si mesmo autopoeticamente. Assim é que podemos entender os sistemas autopoiéticos como sendo sistemas autorreferenciais. E enquanto sistemas autorreferenciais esta característica 'referencial' deve ser entendida em termos de descrição, i.e., como uma descrição capaz de ser levada adiante em um dado contexto frente a outras possibilidades. É desta forma que o sistema constrói a si mesmo (*sic*): se distinguindo dos demais, enfim, descrevendo a si mesmo como algo diferenciado do ambiente. Dessa maneira é que o sistema leva adiante a observação com ajuda da autorreferência e, também, portanto, da heterorreferência. Isto porque observação e autorreferência se implicam mutuamente, pois somente se pode falar em observação e observador na medida em que este seja, e se enxergue, como algo diferente e distinto de um ambiente observado. O sistema somente se torna observável na medida em que descreve a si mesmo" (CHAMON JUNIOR, op. cit., 2010, p. 95).

A noção de autorreferência permite que o sistema seja ao mesmo tempo fechado e aberto.

Mas o que será necessário para se alcançar a clausura operacional?

Nas palavras de Chamon Junior, diferentemente de uma observação de primeira ordem, na qual se observará se a expectativa particular foi ou não cumprida, o sistema jurídico possui a capacidade de sobrepor outra observação, uma observação de segunda ordem, através da qual pode ser observada se a conduta decepcionante da expectativa particular está ou não de acordo com o Direito.[69]

Nesse sentido, quando se observa que determinado comportamento frustrou referida expectativa, faz-se referência à observação de primeira ordem. Quando se questiona se essa frustração pode é pertinente ou obtida pelo Direito, conforme ou não ao sistema jurídico, refere-se a uma observação de segundo ordem. Assim, a observação de segunda ordem observa a observação de primeira ordem. O fato de uma conduta frustrar ou cumprir determinada expectativa não quer dizer que ela foi alcançada pelo sistema do Direito. É uma observação dessa frustração ou cumprimento (de segunda ordem) que irá dizer se esse comportamento/conduta é conforme ou discrepante ao Direito.

A Teoria do Sistema vai presumir que o sistema jurídico vai operar sempre em uma observação de segunda ordem, pois, somente dessa forma, pode-se trabalhar a ideia de que determinada conduta opera ou não pelo código do Direito (licitude/ilicitude), ou se refere ao seu ambiente.[70] Em síntese, é somente através da observação dos observadores que se alcança a clausura operacional.

Ocorre que Luhmann conclui que somente o código, enquanto estrutura do sistema, vai servir (no nível de segunda ordem), apenas para demonstrar a clausura operacional, mas não oferecerá nenhum elemento que seja capaz de permitir apontar que determinado assunto esteja ou não em conformidade com o Direito.

Após essa percepção, Niklas Luhmann se socorre da diferença entre duas estruturas do sistema: código e programa.[71] Esse é um assunto que possui relevância para este trabalho, considerando-se as indagações:

O "princípio" da insignificância opera ou não pelo código do Direito? Está ou não em conformidade com o sistema do Direito?

---

69 CHAMON JUNIOR, op. cit., 2007, p. 122.
70 LUHMANN, op. cit., 2002, p. 118.
71 Ibid., p. 117.

Luhmann sustenta em sua teoria que o Direito é um sistema codificado e programado. Existe uma relação de dependência entre código e sistema.[72]

O programa é quem irá oferecer uma direção, é ele quem dará direcionalidade à semântica que vem submetida, porque condicionado a um código.[73]

E prossegue Luhmann dizendo que os programas – enquanto normas do sistema jurídico – são condicionais. As normas são programas condicionais, operam pela forma se/então.[74]

As normas, por serem programas condicionais, irão determinar quais são as condições para ser atribuído o sentido de licitude/ilicitude (código do Direito) a um determinado comportamento, a um determinado caso concreto.

Pode-se, portanto, retomar a já mencionada sustentação do autor de que o Direito é um sistema codificado e programado, posto que o Direito opera através de um código (licitude/ilicitude), mas são os programas que permitirão dizer se um determinado comportamento está do lado positivo da forma do código (licitude) ou do lado negativo (ilicitude).

Vale transcrever os ensinamentos de Chamon Junior, que complementam este entendimento:

> Assim, as normas jurídicas seriam essas estruturas programacionais do sistema do Direito que, para Luhmann, deveriam ser assumidas como programas condicionais, ou seja, e como já explicitado, como estruturas que convencionalmente preveem as condições (se...) de sua própria aplicação (então...). Assim, o sistema do Direito, segundo essa compreensão, seria um sistema pré--programado, em que determinadas ocorrências já estariam convencionadas, predeterminadas, comunicativamente, e capazes de serem observadas pela forma se/então.[75]

---

72 "Interessante é a conjugação que o autor estabelece entre o código e programa: apesar do sistema constantemente estar em movimento, enfim, se apresentar como contingente e variável, esta capacidade de adequação sistêmica – sua variabilidade – é perfeitamente compatível com sua invariabilidade. O sistema, apesar das mudanças, permanece, enquanto sistema do Direito, em razão da manutenção do código; este permanece invariável, o que, todavia, não impede que os diversos programas que, se referindo a um nível programático, podem oferecer inúmeras possibilidades de mudança na atribuição dos valores. As modificações programáticas, no campo do Direito – enquanto modificações normativas –, não retiram do sistema sua unidade e identidade. Assim é que a invariabilidade e incondicionabilidade sistêmica têm a ver com o código – sempre o mesmo: licitude/ilicitude – enquanto a metamorfose e a variabilidade estão referidas ao nível dos programas" (CHAMON JUNIOR, op. cit., 2010, p. 13).

73 Ibid., p. 131.

74 LUHMANN, op. cit., 2002, p. 140.

75 CHAMON JUNIOR, op. cit., 2009, p. 167.

Nesse diapasão, Luhmann demonstra toda a sua preocupação em manter a continuidade (que somente programas condicionais permitiriam) do Direito, isso sem olvidar que através de programas condicionais (não finalísticos) é que o autor pode fundamentar e justificar a função do Direito de estabilização normativa de expectativas contrafáticas.

Contrafática, no sentido de que, ainda que a norma seja desrespeitada, ela se mantém válida e vigente.[76]

Por serem condicionais (se isto/então isto) os programas conseguem estabelecer condições (se isto) para se atribuir valores ao código, como já mencionado.

Para estabilizar as expectativas contrafáticas, o sistema não pode depender do futuro, que é incerto; essa estabilização se dá, então, no presente. E o autor afirma que isso não quer dizer que, quando um juiz vai decidir, não leva em consideração o futuro; em algumas situações, ele deverá considerar o futuro-presente.[77] Contudo, aquilo que ocorre após a decisão do juiz não irá modificá-la, pois o que é determinado, conforme ou não o Direito, ocorre no presente, e não aberto a um futuro, que, conforme reafirmado, é incerto.[78]

Quanto aos programas finalísticos, pode se dizer que o Direito os leva em conta e com eles possui contato. Contudo, quando Luhmann se refere a "fim", do ponto de vista jurídico, isso implica dizer apenas se as medidas tomadas para alcançar determinados fins estão ou não conforme o Direito (com os critérios estabelecidos juridicamente), ou seja, se determinado fim é ou não conforme o Direito. A consideração da finalidade em si não deve ser levada em conta.

---

[76] "Apesar de sempre se apresentarem como contingentes e, assim, sujeitos a mudanças, os programas em um mundo que em grande velocidade se modifica, podem ser imaginados como estruturas fixas justamente em razão de sua orientação condicional – o que inevitavelmente mantém um ponto de contato com a 'proposição jurídica' de Kelsen –, e não orientado a fins – pois, se orientado a fins fosse, obviamente que a toda e qualquer modificação deveria o sistema estar sempre de prontidão para restabelecer a operação seguinte no sentido de que, para alcançar o fim proposto, sempre e qualquer alteração haveria que ser tomada em conta. A preocupação em garantir a continuidade do Direito nos mais diversos contextos tem a ver não só com o código – sempre o mesmo – mas também pela *possibilidade somente capaz de ser tomada em conta em razão do tipo de programa*: a programação condicional, como já insinuado, é que permitiria essa manutenção; aqui a questão nos conecta não ao código, mas á função, pois somente assim é que a teoria poderia justificar a função do Direito enquanto *estabilização* de *expectativas*" (CHAMON JUNIOR, op. cit., 2010, p. 132).

[77] "Mas o fato de todos os programas estarem conectados a decisões passadas não implica uma orientação pelas tradições, mas, antes, uma abertura ao futuro pelo fato de que são programas que se projetam ao futuro, embora construídos no passado" (Ibid., p. 133).

[78] Ibid., p. 134.

Antes mesmo de encerrar esse tópico deste estudo, é necessário frisar algumas críticas tecidas a Teoria dos Sistemas.

Para alguns autores, a teoria luhmanniana concede um poder "exagerado" ao juiz, sob o argumento de manter a autopoiesis do sistema, isso mesmo que não se conteste que ela esteja extremamente vinculada aos textos normativos. O poder concedido ao juiz é tamanho, que a teoria desconsidera os "costumes" como sendo normas, salvo se reconhecido pelo órgão jurisdicional.

É legítimo ressaltar a crítica sofrida pela teoria nesse ponto específico:

> Já adiantando uma questão que será melhor articulada posteriormente, quando se apresentarem problemas na interpretação de "textos autorizados", referido ao programa condicional, o juiz pode indagar acerca das finalidades, o que abre possibilidade de se decidir a questão com base naquilo que se apresenta como futuro incerto. O autor, absurdamente, acaba por afirmar que, em casos extremos, o estabelecimento de condições se reduz a uma norma de competência: o Direito é aquilo que o juiz, em razão de seu cargo, e como instância determinante, considera, toma em conta, como sendo um meio adequado para o fim!! Mas surpreendentemente, afirma o autor – em uma concessão a um, diríamos, decisionismo-funcionalista, ou até mesmo a discricionariedade – que se seguimos tal enlace finalístico como programa condicional, isto se dá porque a decisão só é "Direito" se ele, juiz, a realiza enquanto juiz. A autopoiesis do sistema estaria garantida pelo fato de que, mesmo esta decisão judicial, se orientaria pelo código licitude/ilicitude.[79]

Não só os problemas apontados acima, como outros problemas, não foram resolvidos pela Teoria dos Sistemas, um deles, e de que não se pode esquecer, é o fato de Luhmann não considerar os princípios como normas, pois, para o autor alemão, normas são convenções (legislativa ou jurisprudencial), e os princípios não são convencionados. Isso traz sérios problemas e implicações para sua teoria. O não reconhecimento da pragmática universal implica para Luhmann no não conhecimento dos princípios como norma.

A Teoria dos Sistemas torna-se, destarte, incapaz de assumir muitas de suas conclusões, justamente por não se preocupar com essa dimensão normativa que seria capaz de levar em conta a observação do Direito, mas também a perspectiva assumida pelo participante em discursos jurídicos,

---

79 CHAMON JUNIOR, op. cit., 2010, p. 135.

pois a operacionalização, para ser legítima, deve levar em consideração os afetados por ela.

Mas essas críticas não serão desenvolvidas neste estudo, por se ter privilegiado a Teoria Discursiva do Direito de Habermas como escolhida para o marco teórico, visto ser a mais adequada a maior e melhor compreensão da racionalidade do Direito moderno.

O fato de algumas construções desenvolvidas pela Teoria Sistêmica a tornarem insuficiente para explicar a *praxis* jurídica moderna, não retira dos estudos de Luhmann seu brilhantismo, pelo contrário, seus conceitos e desenvolvimentos teóricos estão sendo apropriados neste trabalho, à luz do marco teórico – Teoria do Discurso –, justamente por sua importância e relevância para esta pesquisa.

Talvez, como ensina Chamon Junior, a grande falha de Luhmann tenha sido partir de uma definição convencional e condicional de norma, gerando o paradoxo de ter que decidir, quando não é oportuno fazê-lo.[80]

Após os desenvolvimentos delineados acima, torna-se imperiosa uma análise mais específica e pontual da teoria luhmanniana. É o momento adequado para ser tratada a questão dos princípios jurídicos e sua aplicação pelos tribunais, trazendo novamente para o texto um questionamento já explanado: Será que a interpretação do Supremo Tribunal Federal no Recurso Ordinário em *Habeas Corpus* nº 107.264, não estaria "criando" e aplicando o princípio por ele "criado"?

A Teoria do Sistema desenvolvida por Niklas Luhmann já ressaltava o que é difundido e aplicado pelos tribunais nacionais, na resolução de alguns casos concretos; o legislador não é capaz de determinar todas as normas (programas) ou imaginar todas as situações de sua aplicação, motivo pelo qual o aplicador do Direito precisa se mostrar hábil a decidir aquilo que a legislação não se mostrou capaz de solucionar.[81]

Assim sendo, dentro dessa concepção luhmanniana, o Direito não fornece todos os princípios, mas permite, exige e dota o juiz ou tribunal de poder para solucionar um caso não previsto pelo próprio sistema.

Vale aqui, cotejar um trecho da obra de Lúcio Antônio Chamon Junior, que explicita e elucida como os tribunais vão pretensamente criar os princípios, justamente pelo fato de decidirem onde o Direito não forneceu o princípio para o caso concreto:

---

80 CHAMON JUNIOR, op. cit., 2010, p. 145.
81 Ibid., p. 141.

> Ao mesmo tempo em que o Direito não fornece os princípios, ele dota o juiz de *poder* para solucionar um determinado caso antes não previsto pelo próprio sistema. E é assim, concedendo o poder para decidir, que há uma *referência ao sistema e às estruturas que,* compondo o sistema e sendo anteriores ao decidido pelo juiz, *mantém aquilo que, não explicitado pela autora nestes termos, seriam as "referências gerais fixadas no Direito"* – enfim, a própria recursividade. Isso permitiria à Corte, especificamente – mas, repita-se, a qualquer juízo genericamente –, *acrescentar, substituir, enfim, criar disposições normativas textualmente não previstas.* E aqui os princípios teriam um papel de garantir um desenvolvimento coerente (!?) do Direito, inclusive porque marcam os programas como abertos para o futuro. A conclusão, no mínimo intrigante, é que ao aplicador do Direito seria dada a possibilidade de, *independente de suas próprias motivações, criar o Direito, na medida em que criaria e aplicaria os próprios princípios que "criara".*[82]

Nesse ponto, cabe frisar a semelhança do exposto acima com o caso concreto objeto de análise neste estudo, ou seja, com o Recurso Ordinário em *Habeas Corpus* nº 107.264. No acórdão, o relator Ministro Celso de Melo citou dois doutrinadores pátrios, mais precisamente, Fernando Capez e Edilson Mougenot Bonfim, os quais ensinam que o princípio da bagatela ou da insignificância não possui previsão legal no Direito brasileiro, mas é considerado um princípio auxiliar de determinação da tipicidade.

Dessa forma, o que se percebe é que, muitas das vezes, quando o Direito não faz previsão de uma determinada situação, ou seja, não regulamenta determinado caso, tanto a Teoria do Sistema quanto a dogmática e a *praxis* jurídica vigente nos tribunais nacionais vão orientar suas decisões pelas próprias consequências, sendo esse o critério para a aplicação do Direito.[83] Isso posto, é possível constatar que decidir como vem sendo decidido pelo Supremo (aplicação de um "princípio" auxiliar) implica reconhecer, ainda que não expressamente, mas como uma questão submersa a essa leitura convencionalista do Direito, a existência de "lacunas" no sistema jurídico.

O Supremo Tribunal Federal, ao solucionar o caso concreto objeto desta análise (Recurso Ordinário em *Habeas Corpus* nº 107.264), fez exatamente o mencionado no parágrafo anterior; orientou sua decisão pelas consequências e isso é expresso no acórdão, a conferir:

---
82 CHAMON JUNIOR, op. cit., 2010, p. 145.
83 Ibid., p. 141.

O sistema jurídico há de considerar a relevantíssima circunstância de que a privação da liberdade e a restrição de direitos do indivíduo somente se justificam quando estritamente necessárias à própria proteção das pessoas, da sociedade e de outros bens jurídicos que lhes sejam essenciais, notadamente naqueles casos em que os valores penalmente tutelados se exponham a dano, efetivo ou potencial, impregnado de significativa lesividade.[84]

O que se percebe claramente, após a exegese desse trecho retirado do Recurso Ordinário em *Habeas Corpus* nº 107.264, é que, em uma leitura a *contrario sensu* do voto prolatado pelo Ministro Celso de Melo, outra conclusão não há, senão a seguinte: se não tivesse sido aplicado ao caso em tela o "princípio" da bagatela ou insignificância, a paciente teria seus direitos individuais restritos e essas consequências devem ser observadas pelo sistema jurídico antes de decidir.

Por não entender que deve haver em casos de lesão mínima a restrição de direitos da paciente (consequência da não aplicação do princípio da insignificância), e orientados por finalidades de política criminal, é que se reconheceu e aplicou, ao caso concreto mencionado, princípio auxiliar, isso sem ignorar, obviamente, outros fundamentos já mencionados no primeiro capítulo, como a intervenção mínima, a presença dos quatro vetores e o caráter subsidiário do Direito Penal.

Mas, o que o Supremo Tribunal Federal não percebe, ao decidir dessa forma, é justamente o risco de se decidir orientado pelas consequências, competindo frisar que isso ocorre para a Teoria do Sistema e *praxis* jurídica, quando o Direito não faz nenhuma previsão expressa para determinado caso. Deve-se ressaltar, novamente, que o "princípio" da insignificância não está expresso no ordenamento jurídico brasileiro.

Primeiramente, cabe observar que, assim como a Teoria do Sistema, a *praxis* jurídica não compreende que orientar decisões judiciais, pelas consequências, implica, necessariamente, conceder nas mãos do juiz um poder exagerado, dotado, pois, de uma discricionariedade que, por muitas vezes, acaba corrompendo o próprio sistema jurídico. E isso se dá pelo simples fato de que, nesse tipo de decisão, os fundamentos que servem de supedâneo da sentença ou acórdão são orientados por códigos diversos do código do Direito, gerando, dessa forma, a corrupção do sistema jurídico pelos sistemas da política ou economia, por exemplo.

---

84 BRASIL. Supremo Tribunal Federal. *Acordão. 2011/107264*. Reclamante: A.P. E.P. Reclamado: Ministério Público Federal. Rel. Min. Celso de Mello. Brasil, 19 de abril de 2011. Disponível em: <http://redir.stf.jus.br/paginadorpub/paginador.jsp?docTP=TP&docID=1609492>. Acesso em: 23 fev. 2013.

Já, em um segundo momento, o próprio Luhmann, como que se "esquecendo" de seus próprios ensinamentos, "parece" não perceber que essas consequências, muitas vezes, sequer vão ocorrer. A referência ao vocábulo "parece", é intencional, *porque* Luhmann sabe dos riscos desse tipo de decisão e com ele se preocupou, mas não conseguiu com sua teoria solucionar esse problema, pelo contrário, viu nessa espécie de decisão, orientada pela consequência, a única saída da teoria, quando se vê diante de seus próprios limites (superação do paradoxo – ter que decidir quando não pode decidir).[85]

Para Luhmann, a racionalidade dessas decisões, ainda que orientadas pelas consequências, estaria garantida pelo fato de que elas seriam referentes ao Direito vigente.[86] Inicialmente, pelo que já se discorreu; ao se conceder o poder para o juiz decidir, o Direito faz com que haja uma referência a suas estruturas que, por serem anteriores ao decidido, mantêm a recursividade do próprio sistema. Segundo, porque os juízes, em uma visão sociológica, por serem preparados e profissionalizados, apresentam em sua decisão a interpretação e a aplicação do Direito.

Tudo isso ocorre, porque Luhmann e a *praxis* jurídica e nesse cenário se inclui a decisão do Recurso Ordinário em *Habeas Corpus* nº 107.264, fazem uma leitura, nas palavras de Chamon, extremamente estreita da noção de norma (não compreendem a força normativa dos princípios) e, assim, ao que parece, a única saída seria permitir a "criação" e a aplicação desse Direito "criado".

Será possível afirmar que uma leitura do Direito, como a realizada no julgamento do Recurso Ordinário em *Habeas Corpus* nº 107.264, qual seja, orientada pelas consequências, "criou" e aplicou o Direito por ela criado? Em outras palavras, ao orientar sua decisão pelas consequências, está o tribunal correndo o risco de "criar" o Direito para o caso concreto?

Antes de prosseguir, vale lembrar que norma para Luhmann é convenção – legislativa ou jurisprudencial – e os princípios não são convencionados.[87]

O que essas decisões orientadas afins (política criminal) e guiadas pelas consequências (não restrição de direitos individuais) não enxergam é que elas devoram a si mesmas Em outras palavras, é justamente o que elas pretendem "evitar" que elas perseguem com mais veemência.

---

85 LUHMANN, op. cit., 2002, p. 299.
86 CHAMON JUNIOR, op. cit., 2010, p. 137.
87 Ibid., p. 139.

Ao decidir algo, orientado pelas consequências ou por finalidades de política criminal, o tribunal desrespeita justamente aquilo que ele pretensamente pretende proteger; a autonomia privada, as liberdades subjetivas e os direitos individuais, justamente, pelo fato de não compreender que na Modernidade, que é complexa, não existe um *ethos* compartilhado por todos, e que uma decisão legítima deve respeitar o Direito construído em um processo legislativo democrático, no qual foram respeitadas as liberdades políticas e os direitos fundamentais dos participantes.

A prática jurisdicional é diversa da legislativa (discurso de justificação e aplicação) e, para que possa ser democrática, a jurisdição deve estar atrelada ao reconhecimento, ao máximo possível, de iguais direitos fundamentais a todos os cidadãos. O Direito construído em um processo legislativo democrático, em que são preservadas as garantias políticas e individuais, deve ser respeitado em um discurso de aplicação da norma, posto que uma decisão jurídica pretende legitimidade.

Enxergar o Direito como um sistema idealmente coerente de princípios implica afirmar que o Direito é completo, não existem lacunas, e que a única fonte do Direito é o próprio Direito. Se lacunas não há, a resposta correta, para cada caso, como a que ocorre no Recurso Ordinário em *Habeas Corpus* nº 107.264, está dentro do próprio Direito, bastando ser desvelada ou "descoberta", jamais "criada".

Qual decisão deve ser tomada no Recurso Ordinário em *Habeas Corpus* nº 107.264, se se pretende respeitar a norma criada em um processo democrático e realizar os "sonhos" – expressão de Dworkin[88] – do Direito?

2.3. DA DIFERENÇA ENTRE PRINCÍPIOS E DIRETRIZES POLÍTICAS A PARTIR DA TEORIA DO DIREITO COMO INTEGRIDADE

É imperioso, nesse ponto do estudo, elucidar a diferença entre regras e princípios, bem como frisar a distinção entre diretrizes políticas e princípios jurídicos. Para isso, é válido recorrer aos ensinamentos de Ronald Dworkin.

O autor americano, partindo da necessidade de se repensar a relação existente entre legislação e jurisdição, vai propor uma teoria diferente da positivista para que, a partir dela, possa ser discutida a questão do fundamento do Direito.

---
88 DWORKIN, op. cit., 2007, p. 488.

Ronald Dworkin, ao contrário dos positivistas, vai diferenciar regras de princípios, demonstrando, a partir dessa diferenciação, que os princípios são parte integrante do sistema jurídico.[89] Contudo, é a diferença entre princípios e diretrizes políticas, já mencionada, que a este estudo interessa mais intensamente, sem deixar de realçar que a primeira distinção também possui sua importância.

Ao se debruçar sobre os desenvolvimentos teóricos de Herbert Hart, Dworkin ataca, literalmente, a teoria de seu ex-professor – Hart –, considerado por muitos um positivista suave.

Após apresentar a teoria positivista de Hart e a versão teórica de Austin, Dworkin passa a lançar mão de seus próprios argumentos teóricos. Dworkin parte de dois casos ocorridos nos Estados Unidos – Riggs *vs.* Palmer[90] e Henningsen *vs.* Bloomfield[91] – para exemplificar a insuficiência dos estudos desenvolvidos pelos positivistas na resolução de alguns casos concretos apresentados ao Judiciário americano.

Analisando os dois referidos casos, Dworkin percebe um ponto em comum na resolução dos mesmos, qual seja, foram utilizados nas duas decisões padrões distintos das regras jurídicas, posto que o tribunal se valeu de princípios.[92]

E é assim, diferenciando regras de princípios, que Dworkin, além de criticar Hart com veemência, ensina que o Direito não é composto apenas por regra, mas, ao contrário, é um sistema/conjunto de regras e princípios, embora não sejam apenas esses dois padrões que formam a estrutura do Direito.

Para Dworkin, o sistema jurídico terá uma estrutura dividida em três partes, quais sejam: as regras, os princípios e as diretrizes políticas, sendo as duas primeiras deontológicas e a última teleológica.[93]

Em várias passagens de sua obra *Levando os direitos a sério*, o jurista americano utiliza o termo "princípio" de forma bem genérica, apenas para distingui-lo das regras.

Para Dworkin, a diferença entre princípios e regras é de natureza lógica. Nesse diapasão, vale mencionar suas palavras:

---

89 DWORKIN, op. cit., 2002, p. 37.
90 DWORKIN, op. cit., 2002, p. 37.
91 Ibid., p. 38.
92 Ibid., p. 39.
93 Ibid., p. 36.

> A diferença entre princípios jurídicos e regras jurídicas é de natureza lógica. Os dois conjuntos de padrões apontam para decisões particulares acerca da obrigação jurídica em circunstâncias específicas, mas distinguem-se quanto à natureza da orientação que oferecem. As regras são aplicáveis quanto à maneira tudo-ou-nada. Dados os fatos que uma regra estipula, então ou a regra é válida, e neste caso a resposta que ela oferece deve ser aceita, ou não é válida, e neste caso em nada contribui para a decisão.
>
> Um princípio como "nenhum homem pode beneficiar-se de seus próprios delitos" não pretende [nem mesmo] estabelecer condições que tornem sua aplicação necessária. Ao contrário, enuncia uma razão que conduz o argumento em certa direção, mas [ainda assim] necessita de uma decisão particular.[94]

A partir dessa primeira diferenciação entre regras e princípios, vai decorrer para Dworkin, outra diferença entre esses dois padrões integrantes do Direito, a dimensão de peso e a importância dos princípios que não é encontrada nas regras.[95]

As regras, como observado, são de aplicação tudo-ou-nada, o que não ocorre com os princípios.[96] As regras sendo válidas são aplicadas ao caso concreto e, se forem inválidas, são simplesmente afastadas, limitando-se, dessa forma, à análise do requisito de validade. Se duas regras regularem o mesmo fato, a aplicação de uma exclui a validade da outra.

A validade de uma regra pode, segundo Dworkin, ser analisada através de outras normas (regras) constantes do sistema jurídico, como, por exemplo, mediante a observação do critério de temporalidade, competência e generalidade, dentre outros. Assim posto, uma regra especial prevalece sobre uma regra geral.

Os princípios não atendem ao requisito de validade exposto; ao contrário, possuem, como já pontuado, uma dimensão de peso ou importância.

Segundo o próprio Dworkin:

> Os princípios possuem uma dimensão que as regras não têm – a dimensão de peso ou importância. Quando os princípios se intercruzam (por exemplo, a política de proteção aos compradores de automóveis se opõe aos princípios de liberdade de contrato), aquele que vai resolver o conflito

---
94 Ibid., p. 39-41.
95 DWORKIN, op. cit., 2002, p. 42.
96 Ibid., p. 39.

tem de levar em conta a força relativa de cada um. Esta não pode ser, por certo, uma mensuração exata, e o julgamento que determina que um princípio ou uma política particular é mais importante que outra frequentemente será objeto de controvérsia. Não obstante, essa dimensão é um aparte integrante do conceito de princípio, de modo que faz sentido perguntar que peso ela tem ou quão importante ela é.[97]

Ademais, para Dworkin, os princípios admitem inúmeras e incontáveis exceções, já as regras também admitem exceções, mas, por imporem resultados específicos, ao contrário dos princípios, essas são passíveis de serem elencadas ou enumeradas. Com base nesse argumento, o autor conclui que os princípios são mais fracos do que as regras.

Ocorrendo, desse modo, um fato que se amolda a uma regra, essa última apontará o resultado exato. Já, em relação aos princípios, não haverá essa indicação ou apontamento, mas apenas um direcionamento para qual raciocínio jurídico deve o aplicador pender.

Antes de avançar neste estudo, é pertinente esclarecer que, em sua obra *O Império do Direito*, Dworkin abandona essa distinção entre princípios e regras, passando a diferenciar princípios de política. Tudo isso concorre para que se compreenda o Direito como uma comunidade de princípios, permitindo ao jurista deixar de lado a distinção normativa estabelecida acima, sem desconhecer a integridade do sistema jurídico, que também permitirá ao autor abandonar a distinção anteriormente realizada.

Mas Dworkin vai utilizar em sua obra *Levando os Direitos a Sério* o termo princípio, como considerado, em termo bem amplo e nesse vasto sentido vão surgir duas "subespécies" e da distinção delas este estudo se utiliza bastante. O autor vai estabelecer a diferença entre "princípio" em sentido estrito e "diretrizes políticas".

No exato escólio, Dworkin confessa:

> Denomino "princípio" um padrão que deve ser observado, não porque vá promover ou assegurar uma situação econômica, política ou social desejável, mas porque é uma exigência de justiça ou equidade ou alguma outra dimensão da moralidade.
>
> Denomino "política" aquele tipo de padrão que estabelece um objetivo a ser alcançado, em geral alguma melhoria em algum aspecto econômico, político ou social da comunidade (ainda que certos objetivos sejam negativos pelo fato de estipularem

---

[97] Ibid., p. 42.

que algum estado atual deve ser protegido contra mudanças adversas).[98]

Percebe-se, no teor dessa explanação, que argumentos de princípios são diversos de argumentos de política, e os segundos não podem se sobrepor aos primeiros. Isso decorre do fato de os argumentos de princípios referirem-se aos direitos individuais, sendo verdadeira proteção do indivíduo/cidadão contra qualquer objetivo coletivo (argumentos de política).

Dworkin em seu livro *Levando os Direitos a Sério* exemplifica o que vem a ser política e princípios, dizendo que o padrão que estabelece que os acidentes automobilísticos devem ser reduzidos é "política". Já o padrão segundo o qual ninguém pode beneficiar-se de sua própria torpeza é um princípio.[99]

Dentro desse contexto, merecem destaque os ensinamentos de Dworkin:

> Os argumentos de política justificam uma decisão política, mostrando que a decisão fomenta ou protege algum objetivo da comunidade como um todo. O argumento em favor de um subsídio para indústria aeronáutica, que apregoa que tal subvenção irá proteger a defesa nacional, é um argumento de política. Os argumentos de princípios justificam uma decisão política, mostrando que a decisão respeita ou garante um direito de um indivíduo ou de um grupo. O argumento, em favor das leis contra a discriminação, aquele segundo o qual uma minoria tem direito à igualdade de consideração e respeito, é um argumento de princípio.[100]

Após essa distinção, é admissível aprofundar ainda mais no tema desenvolvido por Dworkin e, finalmente, adentrar na distinção entre os princípios e as diretrizes políticas, diferença essa que será novamente mencionada no último capítulo desta pesquisa, quando será reconstruído o caso concreto.

Destacou-se o que é princípio para Dworkin, agora é imprescindível retomar o conceito de diretrizes políticas para se estabelecer a distinção entre um e outro.

Lúcio Antônio Chamon Junior, dissertando sobre o tema, enuncia:

> Os princípios ainda se diferem das diretrizes políticas. Enquanto estas pretendem estabelecer uma meta coletiva, um objetivo a ser alcançado, como alguma melhora no campo

---
98 DWORKIN, op. cit., 2002, p. 36.
99 *Ibidem*.
100 Ibid., p. 129.

político ou econômico, por exemplo, os princípios podem justificar uma decisão política não por envolver uma meta, mas por garantir e assegurar um direito individual.[101]

As diretrizes políticas envolvem uma lógica argumentativa que se encontra envolvida por uma racionalidade de escolha, de meios e fins, sempre aberta a valores e ponderações de riscos e vantagens.[102]

Em uma decisão judicial, os argumentos de princípios prevalecem sobre os argumentos de política (diretrizes políticas), justamente pelo fato de serem capazes de fundamentar a escolha política do legislador e respeitar a própria racionalidade e legitimidade do sistema jurídico.

Nesse contexto, vale destacar um trecho de um artigo publicado por Maria Fernanda Salcedo Repolês, no livro *O Fundamento do Direito*, elaborado em homenagem ao Professor Sebastião Trogo:

> A legitimidade do Direito não pode se reduzir a legalidade, como é no positivismo. Os discursos jurídicos, morais e políticos são distintos, mas estes adentram o código do Direito e são traduzidos para a linguagem jurídica. Isso torna mais complexo o sentido da validade do Direito legítimo permitindo a abertura dos discursos jurídicos a argumentos pragmáticos, éticos e morais. Nos casos concretos juízes adotam "princípios" e "políticas". Estes fundamentos são possíveis porque o próprio Direito vigente assimilou conteúdos teleológicos e princípios morais advindos da decisão do legislador político, para quem os argumentos de políticas têm primazia. Nas decisões judiciais a primazia é dos argumentos de princípio porque esses são capazes de justificar a decisão política do legislador e mostrar que ela respeita o sistema de Direitos e conserva o nexo interno entre o caso concreto e o sistema jurídico como um todo.[103]

Ressalta-se que a diferenciação entre os dois argumentos[104] ora mencionados, permite perceber que os direitos individuais (argumento de princípios) não podem ser sacrificados pelos argumentos de política,

---

101 CHAMON JUNIOR, op. cit., 2006, p. 50.

102 Ibid., p. 99.

103 REPOLÊS SALCEDO, Maria Fernanda. Ronald Dworkin e o fundamento do direito. In: *O Fundamento do Direito*: estudos em homenagem ao professor Sebastião Trogo. Nuno Manuel Morgadinho dos Santos Coelho e Cleyson de Moraes Mello (orgs.). Rio de Janeiro: Freitas Bastos, 2008, p. 329-330.

104 "O que são argumentos de princípio e argumento de política, e qual a diferença entre eles? Os argumentos de princípio tentam justificar uma decisão política que beneficia alguma pessoa ou algum grupo mostrando que eles têm direito ao benefício. Os argumentos de política tentam justificar uma decisão mostrando que apesar do fato de que os beneficiários não têm direito ao benefício, sua concessão favorecerá um objetivo coletivo da comunidade política" (DWORKIN, op. cit., 2010, p. 452).

ou seja, pelo interesse coletivo. As exceções a essa regra são justificadas e expressas no texto constitucional.

Deve ser frisado ainda que, diferentemente das políticas (argumentos de política são fundados em questões axiológico-teleológicas de bem-estar coletivo),[105] os princípios e também as regras são estruturas deontológicas e não teleológicas. As políticas apresentam uma vinculação a objetivos específicos e, portanto, parecem obedecer a uma lógica contextual conforme os fins (teleológica).

O que se percebe são dois momentos bens distintos, que podem ser visualizados através da diferença que Dworkin estabeleceu entre os dois tipos de argumento, tudo isso, por certo, permeado pelo conceito de integridade, que não constituirá objeto de atenção neste estudo.

Ao Judiciário cabe a aplicação dos princípios e regras, nos casos que lhe são colocados para julgamento (atividade jurisdicional); e ao Legislativo e somente a ele cabem as escolhas políticas.[106]

Nesse ponto, pode-se divisar a grande semelhança com a distinção estabelecida por Klaus Günther entre discurso de justificação e aplicação da norma jurídica, que será tratada mais adiante.

Aliás, a partir do instante em que Ronald Dworkin traça a distinção entre princípios e políticas, o discurso de fundamentação/justificação do Direito se abre a argumentos metajurídicos (pragmáticos, éticos ou morais). Lado outro, os argumentos jurídicos são argumentos de princípios.

Contudo, e isso se deve muito a Jürgen Habermas, é especificamente no discurso de aplicação que o Direito (sistema funcionalmente diferenciado) estabiliza as expectativas de comportamento, mediante a reinterpretação dos princípios e do próprio Direito.

Mas, qual o fundamento desse tema interessa tão de perto a esta pesquisa? Essa pergunta pode ser respondida com outra pergunta e, desde já, afirma-se que esse segundo questionamento será respondido mais adiante.

Será que os fundamentos utilizados pelo Supremo Tribunal Federal, para justificar, no caso em análise, a aplicação de um "princípio" da insignificância, assemelham-se mais a uma diretriz política ou ao conceito de princípio propriamente dito?

Em outras palavras, será que o "princípio" da insignificância é envolvido por uma lógica argumentativa de meios e fins, aberta a valores, ou se baseia

---
105 CATTONI DE OLIVEIRA, op. cit., 1998, p. 141.
106 CHAMON JUNIOR, op. cit., 2006, p. 154.

mais em uma lógica argumentativa dos princípios, voltada a assegurar direitos individuais?

2.4. DA DIFERENÇA ENTRE DISCURSOS DE JUSTIFICAÇÃO E DISCURSOS DE APLICAÇÃO DA NORMA JURÍDICA

Tema de grande relevância se demarca ao se estabelecer a diferença entre discursos de justificação e de aplicação da norma jurídica. Essa distinção é, seguramente, uma das grandes contribuições do professor alemão Klaus Günther para a teoria da argumentação jurídica.

Se necessário fosse, em poucas palavras estabelecer os traços distintivos de um discurso para o outro, bastaria considerar que o discurso de justificação consiste basicamente no processo democrático de criação ou elaboração de uma norma jurídica. Por outro lado, o discurso de aplicação, como o próprio nome diz, versa no processo jurisdicional de aplicação da norma.

A distinção entre os dois discursos ora citados é de extrema importância, à medida que as formas e os argumentos de comunicação utilizados em um discurso de justificação da norma jurídica não são os mesmos usados no discurso de aplicação.

Procurando-se uma interpretação coerente, racional, legítima e que respeite o sentido do Direito na Modernidade, qual seja, o de reconhecer ao máximo as liberdades subjetivas, os argumentos éticos, morais, pragmatistas, religiosos e políticos, dentre outros, não devem ser utilizados em um discurso de aplicação da norma como o melhor argumento; limitação essa que não ocorre em um discurso de justificação.

Em um processo legislativo democrático de elaboração da norma jurídica em que são garantidas iguais liberdades políticas e iguais oportunidades de argumentação e contra-argumentação na busca pelo consenso, é permitida a utilização de argumentos morais, éticos, políticos, pragmáticos e religiosos.

Já em um discurso de justificação da norma jurídica, em que os cidadãos possam indistintamente participar, em condições de igualdade, desse processo de construção das regras que regerão sua futura coexistência, argumentos orientados a determinados fins, referentes a valores e ao que é justo, são perfeitamente aceitáveis na busca de fazer valer o ponto de vista de cada participante. A discussão política é aberta à força do melhor argumento.

Dentro desse raciocínio, Chamon Junior, ensina:

> Em um discurso de justificação normativa, exatamente porque todos podemos indistintamente participar em igualdade desse processo, razões referidas a valores (éticas), ao justo (morais) e orientadas ao alcance de certas finalidades (pragmatistas) podem ser assumidas como determinantes para a justificação de determinada norma fruto desse devido processo legislativo. Nesse jogo argumentativo, em que toda a pluralidade de pontos de vista pode, em igualdade, fazer valer seu ponto de vista, a decisão política é aberta, como em qualquer discurso que assuma a carga pragmática-universal, à força do melhor argumento. E aqui se tornam relevantes os argumentos éticos, morais e pragmatistas, exatamente porque se trata de um fórum político-institucionalizado de problematizações e decisão dessas questões.[107]

Assim, o agir comunicativo no discurso de justificação torna-se necessário para a busca da racionalidade e legitimidade da normatização jurídica. Dentro desse diapasão, encontra-se o eixo da compreensão democrática moderna, qual seja: todos os cidadãos devem se enxergar como destinatários e coautores das normas jurídicas que regularão, conforme já mencionado alhures, sua futura coexistência.[108]

A Modernidade é descentrada, complexa e plural, do ponto de vista ético, fazendo-se necessária a garantia de espaços públicos democráticos e institucionalizados de criação e elaboração do Direito, razão pela qual, nas palavras de Chamon Junior, a Constituição há, pois, de ser interpretada, na Modernidade, como garantidora das condições de legitimidade do sistema jurídico.[109] O Direito deve garantir as próprias condições de sua construção legítima.

Exatamente por ser plural axiologicamente é que, em um processo legislativo democrático de elaboração do Direito (em um discurso de justificação), o sistema jurídico deve garantir a todos os cidadãos, iguais liberdades de participação no seu processo de construção. Todos devem ter oportunidade de fazer valer seus pontos de vista.

Um questionamento que nesse momento se faz importante e necessário, não obstante seja retomado mais adiante, diz respeito à diferenciação funcional da Modernidade. É pertinente atentar para o fato de que a

---

107 CHAMON JUNIOR, op. cit., 2006, p. 156.
108 Ibid., p. 154.
109 Ibid., 2009, p. 246.

sociedade moderna é diferenciada funcionalmente e aceitar que cada sistema possui um código que lhe é próprio.

Esse assunto é de fundamental relevância, pois, por diversas vezes, depara-se com decisões dos órgãos jurisdicionais que lançam mão de argumentos políticos, éticos, morais, pragmatistas, dentre outros, como fundamento de aplicação de determinados princípios/ regras em certos casos concretos, abrindo, por vezes, uma seara que está exposta a toda sorte de discricionariedade judicial.

Eis que surgem novas questões. Quantas vezes surgem os seguintes questionamentos, lançados pela doutrina e pela jurisprudência nacional:

É justo que se condene uma pessoa que subtraiu apenas um xampu?

Será que o legislador, ao criar o delito de furto, quis proteger todo e qualquer tipo de patrimônio, ou se preocupou somente com aqueles que efetivamente tivessem alguma importância?

É válido, devido ao alto custo de um processo, movimentar toda a máquina judiciária para julgar a subtração de um bem cujo valor não extrapola o salário mínimo vigente à época do furto?

Tais questionamentos retroaludidos são acompanhados de algumas assertivas que valem ser destacadas e merecem atenção: o Direito Penal só deve intervir quando os outros ramos do Direito não forem suficientes para a punição de determinadas condutas. Por questões de políticas criminais, não deve o Estado condenar quem subtraiu apenas uma toalha de rosto.

Nesse contexto, há de se reportar à abordagem sociológica, realizada por Niklas Luhmann, ao elaborar a Teoria dos Sistemas autopoiéticos. É sabido que esse assunto será discutido e desenvolvido mais perfunctoriamente em um capítulo a ele destinado.

A partir do desenvolvimento dos conceitos de complexidade e dupla contingência,[110] Luhmann conclui que as comunicações especializadas criam subsistemas, como é o caso do Direito, por exemplo.

Cada subsistema funciona através de um código binário, que lhe é próprio, tais como ético e não ético, verdadeiro ou falso, ter ou não ter, pouco oneroso ou muito oneroso, justo ou injusto etc. O código do Direito, que aqui tem especial interesse, é o lícito ou ilícito (legal e ilegal).[111]

Nesse ínterim, procede questionar:

---

110 GUNTHER, Klaus. *Teoria da argumentação no direito e na moral*: justificação e aplicação. Trad. Claudio Molz. São Paulo: Landy, 2004, p. 375.
111 Ibid., p. 382.

Será que a interpretação do Direito Penal, orientada por questões de política criminal (argumentos pragmatistas), amparada por pretensões de justiça (moral), de conveniência ou de valores (ética) dentre outras, respeita a força normativa do próprio Direito?

Essas questões, ora levantadas, e, por via de consequência, o "princípio" da insignificância operam sob a orientação do código do Direito?

Pode-se assegurar, desde já, que essas e todas as outras problematizações suscitadas serão mais adiante resolvidas.

Teorias condensam-se para revelar que o sistema jurídico é, do ponto de vista cognitivo, aberto ao seu ambiente (sistema político, sistema moral, dentre outros), mas, por outro lado, é um subsistema autopoiético e não alopoiético, ou seja, é o Direito que diz o que é o Direito, e essa determinação não é realizada por outro sistema.

Dizer que Direito e Moral são distintos não implica afirmar que eles sejam excludentes, mas, pelo contrário, existe, entre ambos os sistemas normativos, uma relação de co-originalidade e complementaridade.[112]

A relação entre o sistema normativo do Direito e o sistema normativo da Moral é de complementaridade, conforme mencionado. O Direito não se justifica na Moral, mas sofre estímulos desse subsistema; conceitos morais estão irradiados no sistema jurídico e isso pode ser facilmente percebido após interpretar os estudos até então desenvolvidos. Ora, se um discurso de justificação da norma jurídica é aberto a toda sorte de argumento, dentre eles, argumentos morais, é evidente que o Direito está infiltrado em conceitos morais.

Sobre essa relação de complementaridade, Chamon Junior, referindo-se aos ensinamentos de Jürgen Habermas leciona:

> Anos mais tarde, mais precisamente em 1992, quando o autor lança a primeira edição de seu *Faktizität und Geltung*, e em 1994, quando aparece a quarta edição alemã do livro em questão, com novíssimo Epílogo, Habermas não abandona sua compreensão de que há uma complementaridade entre Direito e Moral. Afirma o autor no sentido de que não haveria uma subordinação do Direito à Moral, mas também no sentido de que o Direito não seria moralmente neutro. E isto porque desenvolve de maneira mais sofisticada a sua tese, segundo a

---

112 CHAMON JUNIOR, Lúcio Antônio. Do caso especial da argumentação moral ao princípio do discurso: a legitimidade do direito da modernidade, ontem e hoje, na teoria do discurso de Jürgen Habermas. In: *O fundamento do direito*: estudos em homenagem ao professor Sebastião Trogo. Nuno Manuel Morgadinho dos Santos Coelho e Cleyson de Moraes Mello (Orgs.). Rio de Janeiro: Freitas Bastos, 2008, p. 291.

qual o Direito, em seu processo de justificação discursiva se mantém continuamente aberto a argumentos morais capazes de, em sendo determinantes nesse discurso de construção normativa, serem irradiados por todo o sistema do Direito através desses processos institucionalizados de criação normativa. Antes de vislumbrar qualquer subordinação do Direito à Moral, Habermas agora defende a ideia de que há uma conexão interna entre o Direito e a Moral no sentido não só da abertura dos discursos institucionalizados de justificação jurídica à Moral, mas também no sentido de que ambos os sistemas normativos são cooriginários sob a égide do chamado "princípio do discurso", assumido como neutro tanto em face do Direito, como em face da Moral.[113]

Em relação ao princípio do discurso aqui mencionado, este será desenvolvido mais adiante, ao se tratar da Teoria Discursiva do Direito e da Democracia de Habermas.

Essa complementaridade entre Direito e Moral só será possível para Jürgen Habermas à medida que, nos processos de justificação das normas (processo legislativo), o sistema jurídico estivesse aberto ao seu ambiente (sistema da Moral), mas o seu conteúdo normativo não seria por ele determinado.

Aqui o que deve ficar claro é que questões morais, ou do sistema normativo da moral, que operam sob orientação do código justo/injusto, podem ser utilizadas em um discurso de justificação da norma, mas não como fundamento de uma decisão judicial. Isso equivale a afirmar que não em um discurso de aplicação, sob pena de se violar a legitimidade e a força normativa do Direito na Modernidade, afinal, a sociedade atual é uma sociedade axiologicamente plural, complexa, e o que é justo para um cidadão ou para o seu grupo, com segurança, não o é para outro.[114]

O sistema do Direito também é aberto ao sistema da Política (ambiente do sistema jurídico), aliás, é a Constituição Federal a responsável pelo acoplamento estrutural desses dois subsistemas sociais.

Argumentos morais, pragmatistas, éticos e políticos somente para citar alguns, possuem potencial determinantes quando de uma decisão legislativa (discurso de justificação). Assim, não obstante a diferenciação funcional existente, o sistema da política irrita o sistema do Direito.

---

113 Ibid., p. 290-291.
114 CHAMON JUNIOR, op. cit., 2008, p. 293.

O Direito é aberto à Política, mas isso se dá em termos de justificação da norma, não em termo de aplicação.

Não obstante ser aberto ao seu ambiente, o sistema jurídico, como mencionado, é funcionalmente diverso do sistema da Política[115] e, nesse aspecto, é oportuno retomar um questionamento que foi abordado no primeiro capítulo deste trabalho e que interessa a sua explanação muito de muito perto:

Será possível proceder a uma leitura das normas penais à luz de finalidades político-criminais como fez Claus Roxin, sem desconsiderar essa diferença funcional existente na Modernidade?

Esses foram os fundamentos que fizeram Habermas mudar o direcionamento de seus estudos, pois o jusfilósofo alemão explicava o Direito com base em um princípio moral. Tal mudança de pensamento ocorreu, justamente, como afirmado, pelo fato de que Habermas percebeu que o sistema do Direito é aberto ao seu ambiente, e que nele entram em cena argumentos não apenas de natureza moral, mas éticos e pragmatistas (em um discurso de justificação da norma jurídica), dentre outros.

Por outro lado, em um discurso de aplicação do Direito, não há espaço para argumentos éticos, morais e pragmatistas, se houver pretensão de se interpretar o sistema jurídico de forma legítima, racional, e manter o seu sentido na Modernidade.

O que deve ficar esclarecido nesse primeiro momento é o fato de que as partes envolvidas na reconstrução do caso concreto podem se valer, sem problema algum, de argumentos dessa natureza (argumentos éticos, morais e pragmatistas), o que não quer dizer que o juiz, ao decidir o caso, possa utilizá-los como determinantes na fundamentação de sua decisão, mas, ao contrário, se assim o fizer, estará desrespeitando a força normativa do Direito e, o que é pior, ignorando a legitimidade/racionalidade do sistema jurídico na Modernidade e em um Estado Democrático.

O que se pretende com isso é evidenciar que argumentos morais, éticos e pragmatistas não são e não podem ser usados como argumentos jurídicos, para fundamentar uma decisão judicial. Não se pode, em face de uma perspectiva discursiva, e respeitando a pluralidade moderna, assumir um princípio como um valor, pois, afinal, é a própria modernidade do Direito a garantia de uma pluralidade axiológica. Assim, se se assumir um princípio como um valor, nega-se a própria pluralidade.[116]

---

115 GÜNTHER, op. cit., 2004, p. 381.
116 CHAMON JUNIOR, op. cit., 2006, p. 156.

É justamente na diferença existente entre discurso de justificação e aplicação da norma jurídica, tratada nesse momento, que se encontra o eixo central do que foi mencionado no parágrafo anterior.

O Direito moderno busca, e isso se deve muito a Jürgen Habermas, a sua legitimidade em um processo democrático de construção legislativa, no qual são respeitadas as liberdades políticas e os direitos fundamentais, garantindo-se, assim, o respeito à autonomia pública e privada,[117] e é justamente nessa elaboração democrática das normas jurídicas (discurso de justificação) que os participantes devem se valer dos argumentos éticos, morais, religiosos, pragmatistas para tentar impor seu ponto de vista. Esse é o *locus* de argumentos dessa natureza, que devem somente ceder espaço ao argumento jurídico, no exato momento de se prolatar uma decisão jurisdicional.

Dessa maneira, fica bem acentuada e delineada a distinção entre função legislativa (discurso de justificação) e função jurisdicional (discurso de aplicação).

Resumindo o que foi dito até agora, vale ajuizar os esclarecedores ensinamentos de Lúcio Antônio Chamon Junior:

> Não se pode, pois, em face disso, assumir indistintamente argumentos éticos, morais e pragmatistas como determinantes de questões *jurídicas*. Se é certo que tais argumentos, no jogo discursivo democrático, assumem papéis determinantes, por outro lado, e no que tange à aplicação normativa, embora possam se apresentar pela argumentação das partes, jamais podem ser assumidos pela autoridade jurisdicional como determinantes para a solução de um caso – afinal, nisso reside, pois, a própria imparcialidade do julgar.[118]

Em perfeita consonância com o que foi frisado até esse ponto, Habermas, em sua obra *Direito e Democracia: entre facticidade e validade*, preconiza que o discurso de justificação vai se distanciar do discurso de aplicação, em razão das formas de comunicação e possibilidades de escolha de diferentes tipos de argumentos.

Nas palavras do autor:

> Somente o legislador político tem o poder ilimitado de lançar mãos de argumentos normativos e pragmáticos, inclusive os constituídos através de negociações equitativas, isso, porém,

---

117 HABERMAS, Jürgen. *Direito e democracia*: entre facticidade e validade. Vol. II. Trad. Flávio Beno Siebeneichler. Rio de Janeiro: tempo Brasileiro, 1997, p. 307.
118 CHAMON JUNIOR, 2006, p. 157.

no quadro de um procedimento democrático amarrado a perspectiva da fundamentação da norma. A justiça não pode dispor arbitrariamente dos argumentos enfeixados nas normas legais; os mesmos argumentos, porém, desempenham um papel diferente quando são aplicados num discurso jurídico de aplicação que se apoia em decisões consistentes e na visão da coerência do sistema jurídico em seu todo.[119]

O que se percebe é que argumentos pautados em valores (éticos), referentes ao que é justo ou injusto (morais) e pragmatistas (aqueles referentes em torno de meios a se alcançar determinados fins) não podem ser assumidos validamente como determinantes em questões jurídicas.[120] Somente argumentos e razões jurídicas são determinantes em uma decisão judicial, mas, é claro que não se pode desconhecer conforme já aludido neste trabalho, que as partes envolvidas na reconstrução do caso se valem, sem problema algum, de argumentos éticos e morais, dentre outros, até porque agem estrategicamente, pretendendo uma decisão que lhes seja favorável.

Dessa forma, percebe-se que as partes, em um processo judicial, para que possam ao final obter uma decisão favorável, valem-se, estrategicamente, desses tipos de argumentos (morais, éticos, políticos e pragmatistas) supracitados.[121] Mesmo assim, Habermas acredita que o alto grau de racionalidade do processo permitirá a formação de um juízo imparcial de aplicação.

Há de se observar o que ensina Álvaro Ricardo de Souza Cruz:

> O discurso de aplicação viabiliza uma decisão imparcial, a partir de ações comunicativas ou estratégicas, por meio de um mecanismo de depuração: o processo. Logo, afasta-se de uma argumentação exclusivamente moral, que deve sustentar-se, tão somente, na ação comunicativa dos falantes.[122]

No discurso de aplicação, o processo judicial irá depurar as estratégias das partes envolvidas.

Jürgen Habermas vai explicar como essa depuração se dá em sua obra *Direito e Democracia* e, para não se correr o risco de suprimir trechos de seus estudos, que são necessários ao exato entendimento do assunto

---

119 HABERMAS, Jürgen. *Direito e democracia*: entre facticidade e validade. Vol. I. Trad. Flávio Beno Siebeneichler. Rio de Janeiro: tempo Brasileiro, 1997, p. 239.
120 CHAMON JUNIOR, op. cit., p. 158.
121 CHAMON JUNIOR, op. cit., 2006, p. 287-288.
122 CRUZ, Álvaro Ricardo de Souza. *Habermas e o direito brasileiro*. Rio de Janeiro: Lumen Juris, 2006, p. 188.

ora tratado, são transcritos os ensinamentos do autor em suas próprias palavras:

> As ordens dos processos judiciais institucionalizam a prática de decisão judicial de tal modo que o juízo e a fundamentação do juízo podem ser entendidos como um jogo de argumentação, programado de uma maneira especial. Por outro lado, os processos jurídicos cruzam-se com os argumentativos, sendo que a instauração jurídico-processual de discursos jurídicos não pode intervir no âmago da lógica da argumentação. O direito processual não regula a argumentação jurídica-normativa enquanto tal, porém assegura, numa linha temporal, social e material, o quadro institucional para decorrências comunicativas não circunscritas, que obedecem a lógica de discursos de aplicação.[123]

Assim, o processo legislativo não é capaz de esvaziar todo o agir estratégico que se manifesta por grupos de pressão, lobbies, entre outros meios, ao contrário do que ocorre com o discurso de aplicação, pois sua imparcialidade (depuração)[124] independe do agir comunicativo das partes.

---

123 HABERMAS, op. cit., 1997, p. 292.

124 "Tomemos, em primeiro lugar, as restrições sociais e temporais da evolução do processo. Mesmo que não haja, legalmente nenhuma duração máxima para processos, há prazos (especialmente nas instâncias dos tribunais de revisão e de apelação) que impedem que questões conflitivas sejam tratadas de modo dilatório e fora do direito. Além disso, a distribuição dos papéis sociais no processo produz uma simetria entre a promotoria e a defesa (no processo penal), ou entre a acusação e o acusado (no processo civil). E, durante a condução das negociações, o tribunal pode assumir, de diferentes maneiras, o papel do terceiro imparcial – levantando ativamente provas ou observando de modo neutro. Durante a instância da prova, os ônus da prova são regulados de modo mais ou menos claro para os participantes do processo. O próprio processo da prova é estruturado de modo agonístico, como uma disputa entre partes que perseguem seus próprios interesses. Embora no processo penal o tribunal 'por dever de ofício e para pesquisar a verdade, tenha que estender o levantamento de provas a todos os fatos e provas relevantes para a decisão' (Parág. 244, alínea 2), os papéis da participação no processo são definidos de tal maneira que o levantamento de provas não está estruturado discursivamente no sentido de uma busca cooperativa da verdade. Porém, como acontece no processo do júri anglo-saxão, os espaços da ação estratégica estão organizados de tal forma que possivelmente todos os fatos relevantes para constituição do estado de coisas são tematizados. O tribunal apoia neles a sua avaliação dos fatos e seu julgamento jurídico. O ponto mais interessante de todo o processo aparece, quando se considera as restrições materiais às quais o desenvolvimento do processo está submetido. Essas servem para a delimitação institucional de um espaço interno para o livre evoluir de argumentos em discursos de aplicação. Os procedimentos a serem mantidos, até a abertura de um processo principal, definem o objeto de disputa, para que o processo possa concentra-se em caso claramente delimitado. Sob o pressuposto metódico de uma separação entre questões de fato e de direito, a aceitação de provas, encenada como interação entre presentes, serve à constatação de fatos e à segurança de meios de prova. Apesar da relação circular entre normas jurídicas e estados de coisas, entre variantes de interpretação e relações com fatos, a apreciação jurídica não é tematizada, permanecendo atrás dos bastidores. O curioso é que o tribunal desenvolve, a seguir e *internamente* nos dois tipos de processo, a apreciação das provas e a avaliação jurídica, portanto sem necessitar de um processo especial. O discurso jurídico no qual os fatos 'provados' ou 'tidos como verdadeiros' são julgados normativamente só abrangido, sob aspectos objetivos, pelo direito processual, à medida que o

No processo de justificação, o agir comunicativo é seu pressuposto de validade.

Assim sendo, o discurso de aplicação retira do discurso de justificação uma das condições que transcendem o agir comunicativo, qual seja, a ideologia das partes envolvidas, e isso se dá pelo simples fato de que o processo judicial, previamente, já supõe que as partes agem estrategicamente com o intuito de obter uma decisão favorável.

Desse modo, Habermas sustenta a tese de que a jurisdição exerce uma função distinta da função exercida pelo legislador político, pois, afinal, discurso de fundamentação/justificação é diverso de discurso de aplicação da norma jurídica.

Jürgen Habermas vai redimensionar a proposta de Klaus Günther, ao dizer que o afastamento entre os dois discursos se dá em razão da forma de comunicação e da possibilidade de escolhas de argumentos diversos, como referido.[125]

Mas aqui é pertinente deixar bem claro que Habermas, ao perceber as diferenças entre os dois discursos, não vai dizer que o Judiciário, ao se deparar com questões pragmáticas, ético-político, deve se afastar delas; pelo contrário, o autor alemão vai preconizar que todos os temas inerentes ao mundo da vida devem ser enfrentados pelo magistrado. O que não pode ocorrer é, ao decidir um caso, o magistrado proceder a um novo discurso

---

tribunal tem que 'apresentar' e 'fundamentar' o seu juízo perante os participantes do processo e da esfera pública. A fundamentação consiste nos fatos e nos argumentos da decisão: 'Nos próprios argumentos da decisão, o tribunal fornece um pequeno resumo das considerações sobre as quais se apoiam a decisão numa relação jurídica e fática' (Parág. 313, alín. 3). Aqui se encontra também a apreciação das provas ao lado das alegações jurídicas. As regras do processo não regulam, pois, os argumentos permitidos, nem o prosseguimento da argumentação; porém eles garantem espaços para discursos jurídicos que se transformam no objeto do processo, porém, somente no resultado. O resultado pode ser submetido a um reexame pelo caminho das instâncias. A autorreflexão institucionalizada do direito serve à proteção individual do direito sob o duplo ponto de vista da justiça no caso singular, bem como da uniformidade da aplicação do direito e do aperfeiçoamento do direito: 'A *finalidade dos meios jurídicos* consiste inicialmente em *conseguir decisões corretas e, por isso, justas*, no interesse das partes, *através da revisão das decisões promulgadas*. A simples possibilidade da revisão obriga, além disso, os tribunais a uma *fundamentação cuidadosa*. Porém, o fim dos meios jurídicos não se esgota nisso. Existe também, um *interesse geral* num sistema eficiente de meios jurídicos. A proibição da autoajuda só pode ser realizada de modo efetivo, quando as partes têm certas garantias de obter uma decisão correta. Além disso, o cortejo de instâncias, com sua *concentração da jurisdição* em tribunais cada vez mais altos até chegar ao tribunal supremo, leva à *uniformização* absolutamente necessária e ao *aperfeiçoamento do direito*. Esse interesse público não desempenha o mesmo papel nos meios singulares do direito. Ele é muito mais pronunciado na revisão que na apelação. O interesse público na uniformização do direito destaca com a característica pregnante na lógica da jurisprudência: O tribunal tem que decidir cada caso particular, mantendo a coerência da ordem jurídica em seu todo'" (HABERMAS, Jürgen, op. cit.,1997, p. 293-294).

125 HABERMAS, op. cit., 1997, p. 239.

de justificação (já construído pelo legislador político) e fundamentar sua decisão em argumentos morais, éticos ou pragmatistas.

O Código do Direito deve ser respeitado, e isso é indispensável para uma decisão racional e legítima. O fato de o Direito ser um subsistema social, e por isso reproduzir valores, não implica mudanças de suas operações; o sistema jurídico continuará operando através de um código binário e não gradual.

É nesse sentido que se afirma que o julgador não é um legislador concorrente ou poder constituinte anômalo. Habermas, assim como Dworkin, ensinam que a jurisdição não é o procedimento adequado para que o magistrado sobreponha suas convicções éticas e políticas sobre as convicções definidas em um processo legislativo democrático de construção da norma.

Ao se buscar mais de perto os ensinamentos de Klaus Günther, pode-se entender melhor essas colocações de Habermas.

Para Klaus Günther, as normas jurídicas são *prima facie* aplicáveis, ou seja, em princípio, todas as normas podem ser aplicadas ao caso concreto. Antes de avançar no texto, cabe explicitar melhor qual é o sentido de normas jurídicas *prima facie* aplicáveis para Günther.

Em função da dupla contingência do Direito moderno, torna-se impossível introjetar no texto legal todos os sinais característicos das situações concretas. A lei só poderá fazer previsão parcial dos casos concretos nos quais incidirá. Por força disso, leis já são aprovadas contendo uma cláusula implícita, qual seja, só se aplicam aos casos concretos que se subsumam à sua descrição hipotética. É nesse sentido que Klaus Günther diz que as normas jurídicas são *prima facie* aplicáveis.[126]

Para que se encontre a norma adequada (juízo de adequabilidade), deve-se reconstruir argumentativamente o caso concreto, pois, só assim, diante de suas peculiaridades é que se conclui qual das normas *prima facie* aplicáveis será adequada ou inadequada para aquele caso reconstruído.[127] Só assim, se pode fazer um juízo de permissão ou proibição de determinada conduta, ou, ainda, atribuição de licitude/ilicitude.

Em uma breve síntese, o que se pode notar é que, antes desse juízo de adequabilidade, todas as normas que se referem ao Direito são aplicáveis ao fato, pois esse é um sistema coerente, e só após a reconstrução

---

126 GÜNTHER, op. cit., 2004, p. 371 et seq.
127 GÜNTHER, op. cit., 2004, p. 404.

argumentativa do caso concreto, levando em consideração todas as suas especificidades, é que se verifica qual é a norma adequada.

A adequação da norma vai guiar-se em função do problema, pois, ao contrário do que propunha o positivismo, o aplicador do Direito deve estar ciente que mais de uma norma válida pode concorrer *prima facie* como a mais adequada ao caso concreto.

Sobre esse juízo de adequabilidade da norma, nos ensina Chamon Junior:

> O juízo de adequabilidade normativa para Kl. Günther, portanto, pressupõe dois níveis, ainda que simultaneamente, e de maneira coimplicada, determinados na argumentação. O primeiro nível se refere àquele que assume o caso concreto a sério: somente posso pretender aplicar uma norma quando, do ponto de vista dos implicados, tenho o caso reconstruído argumentativamente e que, para tanto, foram tomadas em conta argumentativa e contra-argumentativamente todas as circunstâncias consideradas relevantes por aqueles sujeitos naquele contexto e referente àquele caso específico. Assim é que ao longo dessa reconstrução é que as normas antes *prima facie* aplicáveis passam a ser tomadas como candidatas à adequabilidade naquela situação que vai se delineando, ou então vão sendo descartadas porque inadequadas. Destarte, o Direito, segundo Kl. Günther, há que ser assumido como um sistema idealmente coerente, o que implica em um segundo nível, assumir a pratica aplicativa enquanto referida a um esforço argumentativo e interpretativo, pois, de adequação da norma ou normas, antes tão somente *prima facie* aplicáveis, ao caso concretamente reconstruído: aquela norma há que ser, após então, um juízo de adequabilidade que assume o Direito como sistema idealmente coerente, não somente aplicável *prima facie*, mas a norma àquele caso aplicada.[128]

Assim, os discursos de aplicação das normas jurídicas não se referem à validade de uma norma, e sim à sua adequabilidade no caso concreto, sendo este último único – individual –, motivo que leva a considerar todas as suas peculiaridades, existem diferenças que fazem diferenças.[129]

Nas palavras de Marcelo Andrade Cattoni de Oliveira:

> A solução correta advém, pois, do desenvolvimento de um senso de adequabilidade normativa, de uma interpretação

---

[128] CHAMON JUNIOR, op. cit., 2006, p. 143-144.
[129] CATTONI DE OLIVEIRA, op. cit., 1998, p. 136.

racional e argumentativamente fundada em cada situação, no quadro de (ou tendo em vista uma) reconstrução paradigmática apropriada do Direito vigente.[130]

Do exposto até o momento, pode-se perceber claramente as contribuições de Klaus Günther para os desenvolvimentos de Habermas e dessa forma se nota como é importante e substancialmente relevante diferenciar discurso de fundamentação ou justificação de discurso de aplicação da norma jurídica.

Para que o Direito seja válido/legítimo, deve ter sido construído em total respeito com o princípio da democracia, a ser trabalhado mais adiante, e em um espaço público onde foram respeitadas todas as liberdades políticas e subjetivas dos cidadãos na construção dessa futura legislação que vai regular sua futura coexistência, para que se sintam coautores do Direito. Nesse *locus* é que os argumentos pragmatistas, morais, éticos, políticos, religiosos podem e devem ser empregados para que os valores de uma comunidade possam infiltrar no sistema jurídico, já que este é aberto ao seu ambiente.

Em um segundo momento, o de aplicação desse Direito construído legitimamente, cabe ao intérprete uma postura realizativa, interpretativa construtivista e reflexiva, para que sua atividade respeite os limites impostos pelo próprio Direito, e sua decisão seja legítima, jurídica, e respeite o sentido do Direito na Modernidade, que é o de reconhecer, na maior medida do possível, os iguais direitos fundamentais.

Assim, ao decidir, o magistrado deve e tem por obrigação enfrentar toda sorte de argumentos (morais, éticos e pragmatistas) expostos em um processo,[131] contudo, ao fundamentar sua decisão, deve deles se afastar e respeitar os limites e os valores infiltrados nas normas construídas naquele espaço público institucionalizado (condições ideais de fala) de criação do Direito. E não decidir pelo que é justo, conveniente, adequado ou orientado a determinado fim, pois, se assim o fizer, estará desrespeitando a pluralidade axiológica existente na sociedade moderna. Afinal, hodiernamente, não existe um *ethos* compartilhado por todos e o que é pior, estará desrespeitando todo processo legislativo democrático de construção da norma.

Se tais argumentos (morais, éticos e pragmatistas) forem considerados centrais na fundamentação das decisões judiciais, essas serão decisões políticas, valorativas e morais, mas não jurídicas. Nas palavras de Luhmann,

---
130 CATTONI DE OLIVEIRA, op. cit., 1998, p. 137.
131 HABERMAS, op. cit., 1997, p. 287.

haverá a corrupção do sistema e o órgão jurisdicional acabará caindo em um decisionismo, tal qual proposto por Hans Kelsen.

O Judiciário deve ter a consciência de que sua função basilar é a da estabilização de expectativa de comportamento, que somente se concretiza pela garantia dos direitos fundamentais[132] e não a de um legislador político.

Então, essa diferença de discurso de aplicação e justificação se pautará, essencialmente, para Jürgen Habermas, pela teoria discursiva de gênese democrática de direito, na qual diferentes tipos de argumentação e forma de comunicação se fazem presentes.[133]

Para finalizar e deixar bem explícitos esses dois momentos diversos, quais sejam, o de justificação e o de aplicação do Direito, vale transcrever trechos da obra de Álvaro Ricardo de Souza Cruz e de Lúcio Antônio Chamon Junior, em que, respectivamente, percebe-se a diferença exposta até o momento.

Primeiramente, Álvaro Ricardo de Souza Cruz, em lapidar lição, dá a exata medida do discurso de justificação, assim demonstrado:

> [...] Dessa maneira, o discurso de fundamentação assume um papel central, vez que harmoniza preferências concorrentes e fixa a identidade pessoal/coletiva de uma sociedade, na qual concorrem discurso de autoentendimento e negociações/barganhas de interesses. Os valores fundamentais de uma sociedade são identificados, ponderados e acomodados entre si. O legislador político constrói essa identidade lançando mão de forma irrestrita de argumentos normativos e pragmáticos, por meio do consenso ou de negociação equitativas.[134]

Já Lúcio Antônio Chamon Junior elucida os termos da atividade de aplicação do Direito. Assim pontuam-se e acentuam-se, definitivamente, essa diferença trabalhada até o presente momento:

> Por outro lado, aqueles argumentos éticos, morais e pragmatistas não podem ser determinantes na *aplicação* do Direito. Um juiz, em sua função jurisdicional, não pode decidir pela aplicação de uma determinada leitura normativa porque esta se perfaz "boa" (interessante, ou não), porque permite ou não, atingir determinadas finalidades, em uma eleição de "prioridades" ou em face da "justiça" ou "injustiça" que referida leitura seja capaz de permitir. (...) A aplicação

---

132 CRUZ, op. cit., 2006, p. 198.
133 Ibid., p. 193.
134 CRUZ, op. cit., 2006, p. 230.

desse sistema jurídico, por seu turno, para ser válida, há que respeitar, portanto, os pressupostos democráticos que à dita atividade se refere. Isso significa, então, afirmar que, para cada caso concreto esse projeto moderno do Direito há de ser levado a sério. Conclui-se, pois, que determinado juiz a cada caso concreto julgado não pode desconsiderar toda essa fundamentação, construção e luta jurídico-modernas que, em sendo transcendente de contexto transcendem a própria experiência de vida do julgador porque, e inclusive, assume por referência séculos de prática jurídica moderna, não se fazendo ao aplicado *disponível* sua forma.[135]

Dessa forma, somente se compreende a realização da democracia, levando-se em conta essa diferença entre discurso de aplicação e justificação do Direito. Isso equivale afirmar que uma leitura realizativa do Direito cobra na aplicação do sistema jurídico (discurso de aplicação) um respeito total à norma criada em um processo legislativo democrático (discurso de justificação); afinal, atividade jurisdicional não se confunde com atividade legislativa.

2.5. DA LEGITIMIDADE DO DIREITO NA MODERNIDADE A PARTIR DA TEORIA DISCURSIVA DO DIREITO E DA DEMOCRACIA

Para que possa ser compreendido o real sentido que nesta dissertação se desenvolve, além dos temas até então apresentados, torna-se necessário evidenciar pontos da Teoria Discursiva do Direito e da Democracia de Jürgen Habermas, filósofo alemão que explica de forma intensa a legitimidade do sistema jurídico na Modernidade.

Além de ser o marco teórico desta dissertação, e somente essa afirmação bastaria para explicitar o motivo de se destacar a Teoria Discursiva do Direito e da Democracia, neste e em muitos outros estudos, outros fatores, não menos importantes, impelem ao reconhecimento da relevância da obra de Jürgen Habermas.

A racionalidade na Modernidade é procedimental. A era Moderna exige que os homens se reconheçam como livres e iguais – Princípio da Dignidade –, sendo o Direito um desdobramento do princípio da dignidade, nesse ponto está a grande importância da teoria habermasiana, como será demonstrado.

---

[135] CHAMON JUNIOR, op. cit., 2009, p. 232-233.

Antes de adentrar propriamente no assunto da legitimidade do Direito para a Teoria do Discurso, deve-se fazer uma breve exposição da virada linguístico-pragmática realizada pelo próprio autor.

Como se sabe, a razão, na modernidade, está ligada, mais particularmente a Descartes, a uma filosofia da consciência, o que significa dizer que a razão foi considerada de modo monológico, e estaria presente na consciência do sujeito, sendo a linguagem um produto/desenvolvimento da consciência. Habermas, contudo, dá uma guinada linguístico-pragmática, ao elaborar, no início dos anos 1980, a sua teoria do agir comunicativo e, posteriormente, uma teoria discursiva do Direito e da Democracia.

Para esse estudioso alemão, o mundo que conhecemos é estruturado linguisticamente. Logo, é a linguagem, e não a consciência, que produz estruturas de racionalidade.

Habermas dá uma segunda guinada comunicativa, afirmando ser a linguagem um meio para que os homens busquem o entendimento mútuo.

Nas palavras esclarecedoras de Theresa Calvet de Magalhães:

> A tarefa do que ele chama primeiro de pragmática universal e, posteriormente, de pragmática formal consiste em identificar e reconstruir as condições universais do entendimento mútuo [*Verständigung*] possível. Alcançar o entendimento mútuo exige que um falante e um ouvinte operem não apenas no nível da intersubjetividade em que falam um com o outro, mas, também, no nível dos objetos ou dos estados de coisas sobre os quais eles comunicam um com o outro.[136]

Assim, o que se busca é o entendimento mútuo possível, sendo a competência comunicativa de vital importância para a teoria social de Habermas.

A verdade que os falantes-ouvintes reivindicam para suas afirmações, depende, segundo Habermas, de duas condições, a saber: a verdade deve ser baseada na experiência, e não entrar em conflito com experiências dissonantes, e, em segundo lugar, a verdade tem de poder ser resgatada discursivamente, encontrando aceitação de todos os participantes de um discurso.

O escopo de Habermas é bem traduzido nestas seguintes palavras:

> O objetivo de Habermas seria, então, o de elaborar uma teoria da verdade inerentemente pragmática e que, no entanto,

---

[136] MAGALHÃES, Thereza Calvet. O realismo depois da virada linguístico-pragmática. In: *Pragmatismo, pragmáticas e produção de subjetividades*. Arthur Arruda, Benilton Bezerra Jr. e Sílvia Tedesco (Orgs.). Rio de Janeiro: Garamond, 2008, p. 409.

> mantém a ideia de uma pretensão de verdade incondicional: [...] É esse entrelaçamento da verdade nos discursos racionais e da verdade nos contextos da ação que favorece a verdade, independente do contexto, da crença em questão.[137]

É no contexto dessa virada linguístico-pragmática que Habermas assenta sua teoria do agir comunicativo. A partir de mencionada guinada, de uma filosofia da consciência para uma filosofia da linguagem, Habermas terá condições de explicitar como a teoria do agir comunicativo pode colocar a categoria do Direito no centro da problemática da integração social, em sociedades modernas, com base em um princípio do discurso[138].

Habermas em sua teoria faz uma abordagem discursiva do Direito e da Democracia. A teoria do discurso[139] aponta para uma transformação do Direito como modo de produzir normatividade social que não está mais tão voltado para o seu conteúdo, mas, principalmente, para um procedimento legislativo democrático de sua criação. Os cidadãos não devem ser iguais na forma em que são tratados pela norma, mas devem ser iguais nos direitos e na forma efetiva em que participam do processo de elaboração da norma[140].

Na teoria habermasiana, as liberdades subjetivas e comunicativas formam um complexo núcleo de liberdades jurídicas que deve ser respeitado, se realmente se pretende fundar uma ordem jurídica legítima, regida pelo princípio do discurso.[141]

A teoria procedimental discursiva ressalta que se os cidadãos possuem a pretensão de criar leis positivas que sejam legítimas e que irão regulamentar sua futura coexistência, devem garantir uns aos outros dois direitos fundamentais: a liberdade individual e os direitos de participação política. O núcleo da teoria do discurso consiste justamente na reconstrução desses dois direitos fundamentais.

Nas palavras do próprio autor:

> À luz desse princípio do discurso, os sujeitos examinam quais são os direitos que eles deveriam conceder uns aos outros. Enquanto sujeitos do direito, eles têm que ancorar esta prática da autolegislação no medium do próprio direito;

---

[137] Ibid., p. 419-420.
[138] REPOLÊS SALCEDO, op. cit., 2003, p. 52.
[139] "O sentido da palavra Discurso, na teoria de Habermas, é justamente o de uso reflexivo da razão comunicativa que permite a problematização" (REPOLÊS SALCEDO, 2003, p. 50).
[140] GALUPPO, Marcelo Campos. *Igualdade e diferença*: estado democrático de direito a partir do pensamento de Habermas. Belo Horizonte: Mandamentos, 2002, p. 213.
[141] CHAMON JUNIOR, op. cit., 2008, p. 293.

eles têm que institucionalizar juridicamente os próprios pressupostos comunicativos e os procedimentos de um processo de formação da opinião e da vontade, no qual é possível aplicar o princípio do discurso. Por conseguinte o código do direito, estabelecido por meio do direito geral de dispor das liberdades subjetivas, tem que ser completado através de direitos de comunicação e de participação, os quais garantem um uso público e equitativo das liberdades comunicativas.[142]

E, assim, conclui Habermas, que "o princípio do discurso assume a forma jurídica do princípio da democracia"[143].

O princípio democrático tem por objetivo estabelecer um procedimento legítimo e racional de criação e produção de normas jurídicas. Mas, antes mesmo de se assegurar um "espaço" de produção legítima do Direito[144], Habermas afirma que os participantes têm que possuir clareza do que pretendem realizar. Assim é que, antes da criação da autolegislação democrática, deve haver um cenário no qual todos os membros sejam portadores de direitos subjetivos fundamentais, quais sejam: maior liberdade subjetiva possível de ação para cada membro; direitos fundamentais que garantam a posição de participante de uma associação livre de cidadãos; direitos fundamentais igualitários de proteção individual e, por derradeiro, direitos fundamentais que garantam uma participação igualitária na legislação política.

Dessa forma, não há, segundo a teoria do discurso, como abordar o tema Direito legítimo sem a presença dos direitos acima mencionados.

Nesse contexto, vale transcrever o trecho abaixo retirado da obra *Era das Transições:*

> Esse cenário da gênese conceitual dos direitos fundamentais, distribuídos em dois níveis, mostra claramente que os passos conceituais preparatórios explicitam requisitos necessários para uma autolegislação democrática legalmente estabelecida. Eles [requisitos necessários] expressam essa

---

142 HABERMAS, op. cit., 1997, p. 319.
143 Ibid., p. 320.
144 "Isto é, não basta que o processo de instauração de normas seja legítimo. Antes há que pressupor a possibilidade de criação de uma comunidade jurídica que institucionalize os direitos de participação de todos os seus membros, no processo de instauração das normas. Assim, ao sistema de direitos são colocadas duas tarefas que ele deve resolver: Este (sistema de direitos) não deve apenas institucionalizar uma formação de vontade política racional, mas também proporcionar o próprio *medium*, no qual essa vontade pode se expressar como vontade comum de membros do direito livremente associados" (REPOLÊS SALCEDO, op. cit., 2003, p. 102).

própria prática e não são coerções às quais as práticas estariam sujeitas. O princípio democrático só pode ser realizado juntamente com a ideia de Estado de Direito.[145]

O reconhecimento desses direitos fundamentais é indispensável para a existência legítima e racional do Estado de Direito que, enquanto tal, somente pode ser construído em uma democracia.

Nos parágrafos anteriores constam as referências a um "espaço" de produção legítima do Direito, tornando-se essencial, assim, o despertar para um conceito teórico que constitui um elemento crucial na Teoria Discursiva do Direito e da Democracia, desenvolvida por Habermas, que é justamente a ideia de espaço público.

O espaço público possui um papel fundamental na vida social, qual seja, seu poder emancipatório. Por meio dele, institucionalizou-se a possibilidade de uma formação radical democrática da vontade; tudo isso através do respeito às normas do discurso racional, no qual os argumentos e a defesa de interesses generalizáveis são decisivos.[146]

É um espaço onde se expressa a vontade coletiva, por meio da opinião pública discursivamente formada, lócus, onde se organizam as forças políticas, funcionando como um modo de integração social e um "freio" aos impulsos de controle e colonização do mundo e da vida, advindos dos subsistemas econômicos e políticos.[147]

Nas palavras do próprio Jürgen Habermas, citadas na obra de Antônio Cavalcanti Maia:

> Esferas públicas auto-organizadas deveriam desenvolver uma combinação prudente entre o poder e a autolimitação inteligente que é requerida para sensibilizar os mecanismos de autorregulamentação do estado e da economia face aos resultados orientados para fins da formação radical da vontade.[148]

Assim, o espaço público, onde é externada a vontade de uma coletividade por meio da opinião pública, é um lugar diferente daqueles determinados pelo Estado e pela economia de mercado, não pertencendo nem ao primeiro nem ao segundo.

---

145 HABERMAS, Jürgen, O estado democrático de direito uma amarração paradoxal de princípios contraditórios. In: *Era das transições*. Tradução e introdução de Flávio Beno Siebeneichler. Rio de Janeiro: Tempo Brasileiro, 2003, p. 171.

146 MAIA, Antônio Cavalcanti. *Jürgen Habermas*: filósofo do direito. Rio de Janeiro: Renovar, 2008, p. 198.

147 MAIA, op. cit., 2008, p. 199.

148 Ibid., p. 204.

Merece atenção o ensinamento de Nancy Fraser:

> A ideia de espaço público no sentido de Habermas é a de um recurso conceitual. Ele designa o teatro nas sociedades modernas no qual a participação política é realizada através do médium da fala. Este espaço, no qual os cidadãos deliberam acerca de seus assuntos comuns, é, portanto, uma arena institucionalizada de interação discursiva. Esta arena é conceitualmente distinta do Estado; ela é um lugar para a produção e circulação dos discursos que podem em princípio, ser críticos do estado. O espaço público no sentido de Habermas é também conceitualmente distinto da economia oficial; ele não é uma arena de relações de mercado, porém, muito mais um lugar de relações discursivas, um teatro mais para debate e deliberação do que para compra e venda. Assim este conceito de espaço público nos permite manter em vista as distinções entre o aparato estatal, mercado econômico e associações democráticas, distinções que são essenciais à teoria democrática.[149]

Retomando o texto e tratando especificamente do campo do Direito e de sua legitimação, Habermas pondera que tanto o jusnaturalismo quanto o positivismo se revelam insuficientes para fornecer as condições de legitimidade do Direito moderno. O jusnaturalismo se equivoca, segundo ele, porque não há Direito a-histórico. O positivismo, por sua vez, se engana ao colocar tudo na submissão do próprio Direito, como se não houvesse nada fora da legislação produzida pelo Estado capaz de legitimá-lo. Para Habermas, que fez uma abordagem discursiva do Direito e da democracia, a legitimidade do Direito encontra-se amparada no processo legislativo democrático.

O processo democrático é o encarregado de buscar a legitimação do Direito. Nesses termos, convém decodificar a transcrição de sua obra exposta no seguinte trecho:

> O processo democrático carrega o fardo da legitimação. Pois tem que assegurar simultaneamente a autonomia privada e pública dos sujeitos de direito; e para formular adequadamente os direitos privados subjetivos ou para impô-los politicamente, é necessário que os afetados tenham esclarecido antes, em discussões públicas, os pontos de vista relevantes para o tratamento igual ou não igual de casos

---

149 FRASER, NANCY. *Rethinking the public sphere*: a contribution to the critique of actually existing democracy. Disponível em: <http://www.jstor.org/discover/10.2307/466240?uid=3737664&uid=2&uid=4&sid=21103088249863.> Acesso em: 30 nov. 2013.

típicos e tenham mobilizado o poder comunicativo para a consideração de suas necessidades interpretadas de modo novo. Por conseguinte a compreensão procedimentalista do direito tenta mostrar que os pressupostos comunicativos e as condições do processo de formação democrática da opinião e da vontade são a única fonte de legitimação.[150]

É preciso lembrar aqui que Habermas faz em seu texto uma advertência, ao dizer que se quisermos vislumbrar êxito no processo democrático de criação do Direito, faz-se necessário também o uso orientado para o bem comum dos direitos de comunicação e participação dos cidadãos, os quais podem ser propostos, politicamente, mas não impostos juridicamente.

Nesse processo legislativo democrático de criação das normas jurídicas, todos os cidadãos têm reconhecidas reciprocamente iguais liberdades políticas na construção de uma esfera pública. Possuem a liberdade de fazerem valer seus pontos de vista através de manifestações públicas na tentativa de mobilizar a opinião pública. Eis que, como ensina Lúcio Antônio Chamon Junior, o cerne da compreensão democrática da Modernidade está no fato de todos os cidadãos deverem ser destinatários da norma jurídica, mas também serem compreendidos como seus coautores.[151]

O Direito, segundo a teoria habermasiana, carece de que os sujeitos o obedeçam, em virtude de dois fatores: primeiro pelo medo da sanção – mas não apenas por ele, pois, nesse caso, o Direito seria uma forma de repressão – e, segundo, porque os sujeitos se compreendem, em virtude do funcionamento da democracia, como autores racionais das normas a serem observadas.[152]

A ideia de autonomia jurídica exige, justamente, que os cidadãos que são destinatários do Direito também se sintam como seus autores.

É relevante mencionar, nesta ocasião, o entendimento de Habermas, segundo o qual:

> [...] uma norma jurídica é válida quando o Estado consegue garantir: a) que a maioria das pessoas obedeça às normas, mesmo que isso implique o emprego de sanções; b) que se criem condições institucionais para o surgimento legítimo da

---

150 HABERMAS, Jürgen, op. cit., 1997, p. 310.

151 CHAMON JUNIOR, op. cit., 2006, p. 154.

152 "Embora pretensões de direito estejam ligadas a autorizações de coerção, elas também podem ser seguidas, a qualquer momento, por 'respeito à lei', isto é, levando em conta sua pretensão de validade normativa. O paradoxo das regras da ação (...) se resolve com o auxílio ao conceito kantiano da legalidade: normas do direito são, ao mesmo tempo e sob aspectos diferentes, leis da coerção e leis da liberdade" (HABERMAS, op. cit., 1997, p. 49).

norma, para que ela também possa ser seguida a qualquer momento por respeito à lei.[153]

Para a teoria discursiva de Habermas, pode-se dizer que a integração normativa das democracias contemporâneas possui um fundamento duplo: a força resultante de um acordo racionalmente motivado e o temor de sanções.[154]

Assim, ao compreendermos a guinada linguística (razão prática para razão comunicativa), torna-se possível enxergar como a teoria do agir comunicativo vai assimilar a tensão entre facticidade e validade, introduzindo-a no modo de coordenação da ação, tendo consequentemente que sustentar as exigências para manutenção de ordens sociais daí decorrentes, e a transpõe para o Direito, tendo este o papel de integrador social em sociedades econômicas e pós-industrial conforme vivenciado atualmente.[155]

Ao substituir a razão prática pela razão comunicativa surge o problema da integração social, pois se renuncia ao caráter prescritivo da razão prática e é o Direito, através da possibilidade de sanção e da suposição de um acordo racionalmente motivado (pretensão de legitimidade) que vai garantir a reprodução da sociedade e a ligação entre racionalidade comunicativa e prática social.[156]

Isso posto, convém examinar as palavras de Gisele Cittadino:

> Nesse sentido, em uma sociedade pós-convencional, para o indivíduo que atua estrategicamente, isto é, orientado por interesses pessoais, a norma constitui uma espécie de barreira faticamente instituída, cuja violação acarreta sanções calculáveis. De outra parte, para o indivíduo, uma atitude "performativa", ou seja, uma ação orientada para o entendimento, a sua vontade se vincula livremente à norma, no sentido de que a sua aquiescência independe do temor da sanção.[157]

Para a teoria habermasiana, o Direito possui duas condições de legitimidade: uma, *a priori*, que é a sua gênese democrática, e outra, *a posteriori*, que ocorre quando o Direito é discutido racionalmente. Estado

---

153 HABERMAS, op. cit., 1997, p. 308.
154 CITTADINO, Gisele. *Pluralismo, direito e justiça distributiva*. Rio de Janeiro: Lumen Juris, 2004, p. 171.
155 REPOLÊS SALCEDO, op. cit., 2003, p. 53.
156 CRUZ, op. cit., 2006, p. 53.
157 CITTADINO, op. cit., 2004, p. 172.

de Direito e Democracia possuem, assim, um nexo conceitual ou interno, são co-originários.

Assim, para a teoria procedimental-discursiva de Habermas, são válidas as normas de ação sobre as quais todos os cidadãos que podem ser atingidos por ela participaram, ativa e racionalmente, de discussões que deram origem a sua criação, sendo esse o conteúdo do princípio do discurso.[158]

A validade está remetida à possibilidade de satisfação discursiva das pretensões de validade (verdade, veracidade, correção normativa), ou seja, ela está remetida à razão discursiva.[159]

Já a satisfação das pretensões de validade se dá pelo assentimento racional e isso quer dizer simplesmente que é possível, se exigido for, justificar o consenso que leva à decisão por razões comunicativas.[160]

Esse princípio do discurso, que é neutro, amplo, geral e abstrato[161] se desdobra no princípio da democracia e no princípio moral. O princípio democrático aborda justamente a pretensão de validade e legitimidade das leis jurídicas e estrutura a prática dos cidadãos.

Nesse contexto, o autor explica que essa pretensão de validade da norma passa pelo fato de que todas as possíveis pessoas atingidas devem dar a ela o seu assentimento, apoiados em boas fundamentações.

Essa especialização/desdobramento do princípio do discurso, em princípio moral e democrático, é de crucial relevância na obra de Habermas, não somente do ponto histórico de seus estudos, mas principalmente pelo fortalecimento de sua teoria discursiva.

O princípio do discurso capaz de fundamentar tanto a Moral quanto o Direito mostra uma ruptura com *Tanner Lectures,* em que o Direito era

---

[158] "Válidas são aquelas normas (e tão somente aquelas normas) a que todos que por ela possam ser afetados possam prestar seu assentimento como participantes em discursos racionais" (CHAMON JUNIOR, op. cit., 2007, p. 164).

[159] REPOLÊS SALCEDO, op. cit., 2003, p. 96.

[160] Ibid., p. 97.

[161] "Portanto, o princípio D é neutro, pois refere-se a normas de ação em geral. Ele é abstrato porque apenas explicita o ponto de ação. Ele é ainda sem conteúdo, uma vez que os argumentos que poderão ser utilizados para a fundamentação das normas de ação não podem ser determinados a não ser posteriormente, na discussão. Pode-se dizer ainda que ele é procedimental, já que exige que toda forma de vida comunicativamente estruturada tenha como condição de realização o reconhecimento mútuo, a simetria entre os participantes, e relações de inclusão entre eles. Finalmente, o princípio do discurso tem um sentido normativo, na medida em que determina como as questões práticas podem ser julgadas imparcialmente e decididas racionalmente, mas ainda assim é neutro em relação a moral e o Direito" (Ibid, p. 98).

fundamentado por um princípio moral, ou seja, o sistema do Direito era "subordinado" ao sistema da Moral, à medida que era por ele justificado.

Assim, em *Faktizität und Geltung*, Habermas realiza uma reorientação da relação entre esses dois sistemas normativos (Moral e Direito), demonstrando uma relação de complementaridade bem diversa da que havia estabelecido.

Habermas, em *Faktizität und Geltung*, vai se referir ao princípio do discurso como capaz de atender as exigências pós-convencionais de fundamentação tanto das normas jurídicas quanto das normas morais.[162]

O princípio do discurso se mostra, ainda, além das características já mencionadas, geral em relação às normas de ação moral e jurídica, especializando-se, pois, em dois outros princípios (moral e democrático). Nesse contexto, vale colacionar os esclarecedores ensinamentos de Chamon Junior, ora transcritos:

> Na medida em que o princípio do discurso se mostra como um *princípio geral* frente às diferentes normas de ação (morais e jurídicas), nada mais coerente que a especificação deste princípio em um princípio moral – em que as normas morais somente podem se justificar na medida em que se toma em conta por igual o interesse de todos (universalidade) – e em um princípio democrático – referente às normas jurídicas e que, enquanto tais, podem ser justificadas não somente tomando em conta argumentos morais, mas também pragmatistas e éticos. Assim, na medida em que questões morais, trabalhadas sob a égide do princípio moral, somente podem ser resolvidas com base em argumentos morais – em razão de tão somente argumentos morais poderem ser determinantes –, as questões referidas à democracia, e ao princípio democrático, e tomadas em conta em um discurso de justificação do Direito, por sua vez, podem ver-se justificadas por argumentos morais, éticos e pragmatistas: todos estes podem ser determinantes, na medida em que o Direito se justifica legitimamente, numa democracia.[163]

O princípio democrático,[164] conforme mencionado, delineia um procedimento de criação legítima do Direito, onde esteja assegurado a

---

162 CHAMON JUNIOR, op. cit., 2007, p. 164.
163 CHAMON JUNIOR, op. cit., 2009, p. 164-165.
164 "O princípio U é formulado assim: Só é imparcial o ponto de vista a partir do qual são passíveis de universalização exatamente aquelas normas que, por encarnarem manifestamente um interesse comum a todos os concernidos, merecem assentimento intersubjetivo" (REPOLÊS SALCEDO, op. cit., 2003, p. 99).

cada cidadão o igual direito de participação no processo democrático de construção das normas jurídicas.

Já o princípio moral,[165] que operacionaliza através do princípio da universalização,[166] leva em conta o interesse de todos (capacidade de universalização dos interesses) participantes do discurso racional (discurso de justificação). No campo de aplicação do Direito, o princípio moral se complementa com um princípio de adequabilidade (de normas válidas a um caso concreto).[167]

Maria Fernanda Salcedo Repolês explicita de forma clara e concisa a relação entre os princípios U e democrático, explicando a função de cada um na teoria do discurso do Direito de Habermas:

> Por isso, o princípio da democracia se situa num plano distinto ao do princípio moral. U refere-se ao plano interno do jogo argumentativo, examinando se os argumentos utilizados para justificação de uma norma passam pelo crivo da universalização. Já o princípio da democracia opera no plano de institucionalização externa de participação simétrica nos processos de formação de opinião e da vontade. Ou seja, ele permite que tais processos sejam eficazes ao institucionalizar as condições de participação. Para tal, ele lança mão da forma do Direito, visto o papel que se desempenha em sociedades complexas, é possível garantir juridicamente as formas de comunicação, por meio de um sistema de direitos, em que a participação nos processos de formação das normas jurídicas se dê em condições de igualdade. Essas condições já estão, por sua vez, garantidas nos pressupostos da comunicação, enunciados no próprio princípio do Discurso.[168]

Outra relação (de codependência) deve ser destacada na obra de Jürgen Habermas. Ao explicitar que os cidadãos que são destinatários da norma também devem ser (sentir-se) seus autores, Habermas mostra a dimensão

---

165 "O princípio da democracia explica, noutros termos, o sentido performativo da prática de autodeterminação de membros do direito que se reconhecem mutuamente como membros iguais e livres de uma associação estabelecida livremente" (Ibid., p. 101).

166 "O princípio U é também um princípio de universalização, isto é, exige que toda pretensão levantada seja passível de ser aceita por todos os afetados a qualquer tempo e em qualquer contexto espacial. Isso quer dizer que as únicas razões que decidem em um discurso moral são aquelas que justificam os interesses incorporados nas normas como universalizáveis: ao regular quais razões podem ser aduzidas para justificar os interesses incorporados nas normas, o princípio U opera no plano da constituição interna do jogo argumentativo. É nesse sentido também que se pode afirmar, novamente, que ele é uma regra de argumentação" (Ibid., p. 99).

167 CHAMON JUNIOR, op. cit., 2007, p. 165.

168 REPOLÊS SALCEDO, op. cit., 2003, p. 101-102.

horizontal e vertical de sua teoria, mas, mais do que isso, pode-se perceber que é somente através desse arranjo comunicativo (teoria do discurso) que se consegue mostrar a coimplicância entre autonomia privada e pública.

Ou seja, em uma compreensão procedimental do Estado Democrático de Direito, essas duas espécies de autonomia (pública e privada) não se sobrepõem, mas, pelo contrário, são codependentes. Essa codependência é muito bem exposta na obra de Chamon Junior:

> Nesse sentido, portanto, se a autonomia privada se refere a uma seara em que indivíduos reconhecem reciprocamente, e a todos, determinados direitos a fim de possibilitar a construção de um projeto de vida rumo à sua própria, e individual (privada), a autorrealização ética – inclusive, reconhecendo âmbitos para o agir estratégico –, a autonomia pública, por sua vez, é referente a um campo aberto às discussões, enfim, a um espaço discursivo aberto em que, também aqui, reconhecem-se, a todos, direitos de igual inserção nos debates. Assim é que fica estabelecida uma codependência entre autonomia pública e privada.[169]

As instituições democráticas, ao serem criadas, devem ser fundadas, realizando, simultaneamente, as duas espécies de autonomia, tanto a pública quanto a privada.

A autonomia privada é de suma importância para a teoria habermasiana, pois é através do seu reconhecimento que se assegura a todos os cidadãos a liberdade comunicativa e iguais possibilidades de participar da construção discursiva de uma legislação futura a qual se submeterão.

E é dessa forma que, para a teoria procedimental-discursiva de Habermas, os cidadãos devem garantir uns aos outros os direitos fundamentais mínimos, acima mencionados, para que possam participar, de forma igualitária e ativa das discussões racionais, criando um ordenamento jurídico legítimo, o qual no futuro regulará suas próprias coexistências.

Para se criar um ordenamento jurídico que seja legítimo deve-se preservar um Sistema de Direitos composto pelos seguintes direitos básicos, que são pressupostos para participação em discursos racionais:

> Direito à maior medida possível de iguais liberdades individuais de ação. Direitos fundamentais que resultam da elaboração politicamente autônoma do *status* de membro de uma associação voluntária sob o direito. Direitos

---

169 CHAMON JUNIOR, op. cit., p. 166.

fundamentais que resultam imediatamente da possibilidade de adjudicação de ações protetivas e da configuração politicamente autônoma da proteção jurídica individual. Direitos fundamentais a iguais oportunidades de participação em processos de formação da opinião e da vontade públicas na qual os cidadãos exercitam sua autonomia política e através dos quais eles positivam um direito legítimo. Direitos fundamentais à provisão de condições de vida que sejam socialmente, tecnologicamente e ecologicamente asseguradas caso se suponha que os cidadãos devam ter iguais oportunidades de utilizar os direitos fundamentais listados de 1) a 4).[170]

Isso tudo ocorre por compreenderem que eles – cidadãos – são os autores e destinatários das normas criadas.[171]

A norma positivada (o Direito) é o meio que permite ao poder político fundado na comunicação de se transformar em poder administrativo, sendo que essa transformação tem o sentido de um ato praticado em obediência à lei. Assim é que Habermas coloca a "força" no Poder Legislativo, exigindo que o sistema administrativo a ele se ligue, representando esse fato a própria ideia de Estado de Direito.

Como já mencionado em linhas anteriores, a proposta de Habermas visa a uma legitimação do Direito com base em um agir comunicativo, alcançada através de uma participação ativa, racional e autônoma (autonomia privada) dos cidadãos no espaço público de discussão. É dessa forma que deve ser compreendida a legitimidade do Direito em um Estado Democrático. A possibilidade de participação de todos, enquanto afetados e interessados, é pressuposto de validade do Direito.[172]

Cabe ressaltar, ainda, que Jürgen Habermas vai propor uma moralidade pós-convencional, com enunciados que derivam de um discurso público e racional, incluindo tanto concepções individuais como coletivas sobre a noção de vida digna.[173]

A moralidade para garantir a estabilização de expectativas de comportamento – função do Direito –, a racionalidade do Direito e a integração social não pode ser aquela moral substantiva, sustentada em regras e convenções, afinal, vivemos em uma sociedade complexa, plural

---

[170] HABERMAS, op. cit., 1997, p. 159 et seq.
[171] Ibid., p. 139.
[172] HABERMAS, op. cit., 1997, p. 319.
[173] CRUZ, Álvaro Ricardo de Souza. *Jurisdição constitucional democrática*. Belo Horizonte: Del Rey, 2004, p. 213.

e é dentro desse diapasão que Habermas vai propor uma moral pós--convencional, onde os indivíduos conseguem identificar os valores que formam sua individualidade e passam a ter juízos críticos sobre eles, por meio de reconhecimento dos direitos individuais e de princípios universais.[174]

Nesse contexto, vale destacar o seguinte trecho da obra de Habermas, no qual o autor transcreve exatamente onde apoia, em última instância, a legitimidade do sistema jurídico:

> A legitimidade do direito apoia-se, em última instância, num arranjo comunicativo: enquanto participantes de discursos racionais, os parceiros do direito devem poder examinar se uma norma controvertida encontra ou poderia encontrar o assentimento de todos os possíveis atingidos.[175]

Habermas então vai propor uma transformação. A moral pós--convencional transmuda em um procedimento fundado na noção de reciprocidade que permite o crescimento de diversos projetos de vida.[176]

O princípio da moralidade é essencial ao processo de normatização racional do Direito. De outro lado, a coercitividade do Direito promove a integração social que a moral não seria capaz de produzir.[177] A fundamentação dessa normatização ocorre em dois planos distintos, quais sejam, o discurso de justificação/fundamentação e a aplicação do Direito já tratados anteriormente nesta pesquisa.

O princípio democrático vai garantir que esse discurso de justificação seja aberto a argumentos éticos, morais e pragmáticos. Já o princípio da soberania popular vai garantir que a legislação exprima a vontade da totalidade dos cidadãos, em outras palavras, vai garantir que os participantes dos discursos racionais deixem de ser meros destinatários do Direito e tornem-se seus verdadeiros coautores, fundindo, dessa forma, autonomia privada e pública.

Mas, qual será para Habermas a função desse Direito criado em um processo legislativo democrático?

Segundo Cattoni, Habermas vai defender que, no contexto das sociedades modernas, o Direito tem um papel relevante, pois, além de atender as exigências funcionais dos vários subsistemas sociais, ainda cumpre

---

174 CRUZ, op. cit., 2004, p. 212.
175 HABERMAS, op. cit., p. 138.
176 Ibid., p. 146.
177 Ibid., p. 145-146.

satisfazer as precárias condições de uma integração social (entendimento mútuo entre sujeitos que interagem socialmente).[178]

Marcelo Andrade Cattoni de Oliveira ensina que, para Jürgen Habermas, e isso se deve muito a Niklas Luhmann[179], a função do Direito[180] é a de estabilizar expectativas de comportamento temporal, social e materialmente generalizadas.[181]

Essa função do Direito está totalmente conectada ao procedimento legislativo e democrático de sua criação.

Vale destacar os ensinamentos de Marcelo Andrade Cattoni de Oliveira em sua obra *Direito Constitucional*:

> Nas sociedades modernas, então, o Direito só cumpre a sua função de estabilizar expectativas de comportamento se preservar uma conexão interna com a garantia de um processo democrático através do qual os cidadãos alcancem um entendimento acerca das normas de seu viver em conjunto, ou seja, através de processos em que questões acerca do que seja justo para todos (as morais), do que seja bom para eles enquanto comunidade concreta (as éticas) e acerca de quais políticas devem ser implementadas para tanto (pragmáticas), devam ser respondidas da melhor maneira, ainda que sujeitas a diversas interpretações históricas.[182]

É assim que a teoria procedimental de Habermas procura colocar fim à arbitrariedade e à coerção nas questões que circundam a sociedade, propondo uma participação mais ativa e igualitária na construção de uma ordem jurídica justa e legitimada por seus próprios autores.

Nas palavras de Chamon, "podemos apreender com a Teoria do Discurso, a partir de suas reconstruções da *praxis* social, quais são as condições que devem ser respeitadas, caso pretendamos construir uma Sociedade de homens livres e iguais, democrática, pois".[183]

Para concluir e sintetizar o pensamento de Jürgen Habermas, pode-se afirmar que, para as normas jurídicas serem consideradas justas, legítimas e aceitáveis na Modernidade e em um Estado Democrático de Direito

---

178 CATTONI DE OLIVEIRA, op. cit., 2002, p. 51.

179 "Dentro dessa perspectiva, não cabe mais falar num Direito que pretenda regular todas as relações sociais. O Direito é mais um subsistema cuja função é de estabilizar expectativas de comportamento, contrafactualmente" (REPOLÊS SALCEDO, op. cit., 2003, p. 45-46).

180 HABERMAS, op. cit., 1997, p. 322.

181 CATTONI DE OLIVEIRA, op. cit., p. 51.

182 *Ibidem*.

183 CHAMON JUNIOR, op. cit., 2010, p. 240.

devem ser construídas pelos próprios cidadãos que, no futuro, serão por ela, potencialmente afetados.[184]

É evidente que, como toda teoria, a de Habermas não escapa das críticas. Contudo, mencionadas críticas não merecem por parte do presente trabalho uma análise mais detida, limitando-se apenas a mencioná-las.

Marcelo Neves vai mencionar que na realidade brasileira, há uma grande dificuldade em se pensar o Estado como coisa pública. Pensa-se o Estado enquanto poder, razão pela qual o espaço público de discussão não encontra respaldo no Brasil.[185]

Lênio Luiz Streck, por exemplo, é um grande crítico da obra de Habermas e em seu livro, *Jurisdição Constitucional e Hermenêutica: uma nova crítica do direito* levanta inúmeros questionamentos sobre a teoria do discurso:

> Como ter cidadãos plenamente autônomos, como Habermas propugna, se o problema da exclusão social não foi resolvido? Como ter cidadãos plenamente autônomos se suas relações estão colonizadas pela tradição que lhes conforma o mundo da vida?[186]

Apesar da pertinência dos argumentos expostos acima, entende-se que a teoria habermasiana é a que melhor aborda a racionalidade do Direito na Modernidade, procurando colocar fim à arbitrariedade e coerção nas questões que circundam a sociedade, propondo uma participação mais ativa e igualitária na construção de uma ordem jurídica justa e legitimada por seus próprios autores.

Dentro deste diapasão vale trazer à baila as palavras de Chamon Júnior:

> Podemos apreender com a Teoria do Discurso, a partir de suas reconstruções da práxis social, quais são as condições que devem ser respeitadas caso pretendamos construir uma Sociedade de homes livres e iguais, democrática, pois.[187]

O grande desafio da teoria habermasiana consiste, nas palavras de Chamon Junior, em assumir, na prática, uma dimensão idealizada, normativa, abrindo espaço públicos de discussão, para que se construam decisões aceitáveis e legítimas.[188]

---

184 HABERMAS, op. cit., p. 142.
185 NEVES, Marcelo. *Entre Têmis e Leviatã*: uma relação difícil. São Paulo: Martins Fontes, 2006, p. 131.
186 STRECK, Lênio Luiz. *Jurisdição constitucional e hermenêutica*: uma nova crítica do direito. Porto Alegre: Livraria do Advogado, 2002, p. 151.
187 CHAMON JUNIOR, op. cit., 2010, p. 240.
188 Ibid., p. 239.

Capítulo 3

Por uma reconstrução do sentido jurídico subjacente ao Recurso Ordinário em *Habeas Corpus* nº 107.264 à luz da teoria discursiva do Direito e da Democracia

Após apresentar o caso concreto e os temas que servirão de base para a reconstrução do Recurso Ordinário em *Habeas Corpus* nº 107.264, é tempo de passar a enfrentar diretamente as questões que giram em torno da aplicabilidade de um suposto "princípio" da insignificância.

Os argumentos centrais apresentados pelo Supremo Tribunal Federal no Recurso Ordinário em *Habeas Corpus* nº 107.264 são problematizados e, a partir desses fundamentos, realiza-se a demonstração de como uma teoria da argumentação jurídica que leva a sério a força normativa do Direito responde a todos os questionamentos levantados durante o transcurso do presente estudo.

Como ficou sobejamente demonstrado, o Supremo Tribunal Federal e a doutrina nacional se valem dos ensinamentos de Claus Roxin para a aplicação de um pretenso "princípio" da insignificância, sendo também atribuído ao professor alemão o desenvolvimento de mencionado padrão.

Ocorre que, para a surpresa daqueles que se apropriaram dos estudos desenvolvidos por Roxin, e aqui se inclui o Supremo Tribunal Federal, é o próprio autor alemão que, de forma veemente, enuncia em sua obra que o "princípio" da bagatela não se aplica ao delito de furto, porque, nesse tipo de crime, por menor que seja o valor da coisa subtraída, a posse e a propriedade que são os bens protegidos pela norma penal são violados independente do valor da *res furtiva*.

Nesse contexto, vale citar o trecho da obra do professor alemão, no qual expressa, de forma cristalina, seu pensamento a respeito do que foi mencionado acima:

> Además, sólo una interpretación estrictamente referida al bien jurídico y que atienda al respectivo tipo (clase) de injusto deja claro por qué una parte de las acciones insignificantes son atípicas y a menudo están ya excluidas por el propio tenor legal, pero en cambio otra parte, como v.gr. los hurtos bagatela, encajan indudablemente en el tipo: la propiedad y la posesión también se ven ya vulneradas por el hurto de objetos insignificantes; mientras que en otros casos el bien jurídico sólo es menoscabado si se da una cierta intensidad de la afectación.[1]

Assim sendo, como já adiantado neste trabalho, o Supremo Tribunal Federal aplicou no Recurso Ordinário em *Habeas Corpus* nº 107.264 o "princípio" da bagatela de forma totalmente diversa da cunhada por Claus Roxin, já que o jurista alemão, em sua literatura penal, deixou bem claro que mencionado padrão não incide para os pequenos furtos. Dessa forma, já a *priori*, percebe-se um grave problema na aplicação do "princípio" da insignificância realizada pelo Supremo Tribunal Federal, qual seja, o órgão judiciário adota uma leitura diversa e descompromissada do verdadeiro sentido de "bagatela" cunhado por Roxin.

Mas, o problema que desperta atenção não é o referido acima. Passa-se, pois, a tratar de perto os temas que realmente despertam interesse.

Já em um primeiro momento, percebe-se um problema na doutrina e na jurisprudência dos tribunais, problema esse que foi encampado pelo Supremo Tribunal Federal ao julgar o Recurso Ordinário em *Habeas Corpus* nº 107.264, qual seja, não compreendem o conceito de "princípios", pelo menos não a sua definição jurídica.

Conforme abordagem feita no capítulo segundo, existe uma compreensão de "princípios" como sendo a base axiológica do sistema jurídico. Essa leitura faz com que questões de grande relevo fiquem submersas no julgamento de um caso concreto, como ocorreu no Recurso Ordinário em *Habeas Corpus* nº 107.264.

A Modernidade é marcada, dentre outras, por uma pluralidade axiológica, não existindo um *ethos* compartilhado por todos; ao contrário, os valores

---
1 ROXIN, op. cit., 1997, p. 297.

são extremamente controvertidos. Argumentos morais e éticos podem ser utilizados como melhor argumento em um discurso de justificação da norma jurídica, não em um discurso de aplicação do Direito. Isso posto, viabiliza começar a problematizar mais diretamente a questão da definição de "princípios" para a corrente que adota uma leitura convencionalista – norma seria convenção legislativa ou jurisprudencial – do Direito.

Quando se interpreta princípios como sendo "valores", na verdade, são desconsiderados, ainda que isso possa parecer um paradoxo, os próprios "valores" de dignidade, igualdade e liberdade, que estão por trás desses padrões. Interpretar princípios como "valores" é basear julgamentos em valores próprios, pessoais de um magistrado ou intérprete do Direito.

Princípios são normas, são sentidos normativos que devem ser interpretados em perfeita sintonia com essa prática social em constante movimento que é o Direito[2]. E há de ressaltar, ainda, que o sentido do Direito na Modernidade é o maior reconhecimento, tanto quanto possível, de igualdade e liberdade fundamentais.

Fazendo uma leitura axiológica dos princípios, o aplicador do Direito estará desconsiderando toda a pluralidade existente na Modernidade. Isso sem ignorar a total desconsideração ao princípio da separação dos poderes, vigente na legislação, pois, ao interpretar princípios como valores, estará o intérprete trazendo, para dentro de um discurso de aplicação da norma, argumentos que deveriam se manter em um discurso de justificação, ou seja, o juiz procede a um novo discurso de fundamentação, olvidando-se, por completo, da distinção entre atividade legislativa e judicial. Age, portanto, como se legislador fosse.

O que se nota, após a exegese perfunctória do conceito de princípios adotado pelo Supremo Tribunal Federal e pela doutrina penal, é que esse tipo de interpretação se "autodevora", ou seja, por entender um padrão/princípio como sendo uma representação axiológica, estão sendo desconsiderados, justamente, como já afirmado, os reais valores que estão por trás dos direitos fundamentais, quais sejam, liberdade e igualdade.

Princípios não são valores. Princípios jurídicos operam por um código binário; já os valores operam por um código gradual. Valor é algo particular, assim, quando o Supremo Tribunal Federal interpreta axiologicamente um suposto "princípio" da insignificância está decidindo o caso concreto com base em um valor pessoal dos ministros e não com base no Direito construído democraticamente. Quando se decide, com base em valores,

---

2 CHAMON JUNIOR, op. cit., 2009, p. 245.

está se decidindo amparado por aquilo que é bom para determinada comunidade e não com base naquilo que é correto, devido, não existindo consequentemente uma fundamentação racional.

Vale citar um trecho da obra de Marcelo Campos Galuppo que mostra com propriedade e evidências o perigo a que o indivíduo está exposto, quando se decide, ancorado em valores, aquilo que é bom para determinada comunidade:

> Se aquilo que uma comunidade considera bom para si é realmente o *melhor* para ela, e se o que é melhor para uma comunidade é o que deve ser levado em conta para fundamentar ações, então direitos contra aquilo que fosse o "melhor para a comunidade" não poderiam de modo algum ser válidos. Os direitos, entendidos apenas como valores, não permitem qualquer tipo de proteção para o indivíduo contra a sociedade e o Estado. E toda a história da formação do constitucionalismo, sobretudo da formação do conceito de direitos fundamentais, nos mostra o contrário.[3]

Após compreender tais considerações, amplia-se a adequação de se retomar um outro questionamento lançado ao longo deste trabalho, e que serve de fundamento para os defensores de um pretenso "princípio" da insignificância, qual seja:

É justo condenar alguém pela tentativa de subtração de objetos de "pequenos valores"?

Esse é um dos argumentos utilizados erroneamente pelos defensores do suposto "princípio" da insignificância, inclusive, pelo Supremo Tribunal Federal no Recurso Ordinário em *Habeas Corpus* nº 107.264.

Primeiramente, ser justo ou injusto, não diz respeito ao sistema do Direito, uma vez que se trata de uma comunicação que se especializa, ou melhor, dizendo, se orienta pelo sistema normativo da Moral, cujo código binário é exatamente o justo/injusto.[4] Dessa forma, para retomar uma expressão da Teoria do Sistema, a utilização desse tipo de argumento implica, obrigatoriamente, na chamada "corrupção do sistema do Direito pelo sistema da Moral". E aí já se encontra o primeiro e grande equívoco desse questionamento levantado pelos defensores do "princípio" da insignificância.

Em um segundo momento, o que é justo para um determinado indivíduo ou para seu grupo não o é para outro, isso implica dizer que

---

3 GALUPPO, op. cit., 2002, p. 182.
4 GÜNTHER, op. cit., 2004, p. 383.

esse tipo de argumento deve ser reservado a um discurso de construção/ fundamentação do Direito e não de sua aplicação, vez que é pertencente à espécie dos argumentos morais e, assim sendo, não pode ser determinante na solução de um caso concreto, submetido à análise do Poder Judiciário.

Não é o fato de algo ser justo ou injusto que alicerça, com base nesse tipo de argumento, a oportunidade de afastar a incidência de uma norma jurídica que, nesse caso concreto, seria a aplicação da pena de tentativa de furto (artigo 155 c/c artigo 14, inciso II, do CP). E aqui é válido frisar que, no Recurso Ordinário em *Habeas Corpus* nº 107.264, o valor dos bens deve ser considerado, não para afastar a incidência da norma adequada, mas, sim, no momento da dosimetria da pena aplicada.

Assim, o que se pode perceber é que; quando ao se apoiar nesse tipo de argumento – justo ou injusto – para orientar uma decisão jurídica, como fez o Supremo Tribunal Federal no Recurso Ordinário em *Habeas Corpus* nº 107.264, não se contempla a resposta correta, adequada para o caso concreto apresentado. O desvelamento da resposta correta será permitido pela aplicação de uma teoria da argumentação jurídica orientada pelo princípio do discurso, isso sem deixar de se reportar, obviamente, ao juízo de adequabilidade de Klaus Günther.

Procedendo-se a uma argumentação orientada por critérios de justiça, como a realizada pelo Supremo Tribunal Federal no Recurso Ordinário em *Habeas Corpus* nº 107.264, será dada uma resposta Moral para um problema jurídico, o que permite concernir novamente a corrupção do sistema e a desconsideração, em última instância, do próprio processo democrático legislativo de construção do Direito, que funciona como "força legitimadora" desse subsistema social – Direito – na Modernidade.

Fundamento central utilizado no voto do relator, Ministro Celso de Melo, e acompanhado integralmente por todos os ministros, já que foi dado provimento ao recurso por unanimidade, diz respeito a um suposto caráter subsidiário do Direito Penal e sua pretensa função de intervenção mínima.

O voto do Ministro Celso de Melo foi claro ao dizer que o "princípio" da insignificância apoia-se no caráter subsidiário do Direito Penal e na função de intervenção mínima do Poder Público em matéria criminal. Isso implica conceder que o sistema penal deve estar atento a seus objetivos e finalidades, que são, segundo o Supremo Tribunal Federal, o de não privar o indivíduo de sua liberdade, quando uma conduta lesar minimamente um determinado bem jurídico, salvo quando estritamente necessário para a proteção da sociedade e de seus próprios bens que lhes sejam essenciais, notadamente naqueles casos em que os valores, penalmente tutelados, sejam expostos a dano efetivo/potencial, ou seja, impregnado de significativa lesividade.

Ficou bem nítido que o Supremo Tribunal Federal deixou de reconhecer um dever a paciente, que, no caso concreto aqui reconstruído, seria o de responder juridicamente pelo furto tentado cometido e isso se deu em virtude das consequências que esse reconhecimento implicaria. O relator orientou sua decisão pelos fins, utilizando-se, dessa forma, de razões pragmatistas em seu voto, ou na expressão de Ronald Dworkin, de uma diretriz política, e não de um princípio jurídico.[5]

Mas, está comprovado o quão inadequado é assumir em um discurso de aplicação do Direito argumentos pragmatistas, voltados a determinadas consequências ou finalidades.

O Direito moderno não é orientado a determinado fim, como pretende o Supremo Tribunal Federal, ao aplicar o "princípio" da bagatela, ainda mais a um fim "eleito" jurisdicionalmente. Como já afirmado, o único sentido do Direito na Modernidade é o de igual reconhecimento de liberdades e direitos fundamentais a todos os cidadãos, e isso não é um sentido "eleito" ou escolhido por um Ministro ou órgão judicial. É um sentido "eleito" pela própria *praxis* do Direito moderno, desde o passado, em uma constante reinterpretação do sistema de direitos fundamentais, em cada caso concreto.[6]

Ao decidir dessa forma, valendo-se de argumentos pragmatistas – dirigidos a fins – o Supremo Tribunal Federal não percebe que esse tipo de argumento é válido/legítimo em um discurso de justificação do Direito, onde todos os cidadãos em igualdades de condições possuem a oportunidade/possibilidade de fazer valer seu ponto de vista, e não em um discurso de aplicação da norma.

Quando o Supremo Tribunal Federal deixou de reconhecer no caso concreto um dever a paciente, qual seja, o de responder juridicamente pelo furto tentado cometido, tudo isso orientado por razões pragmatistas – conveniência –, não percebeu que esse tipo de questão desrespeita frontalmente o Direito construído em um processo legislativo democrático. Isso porque argumentos sobre o que é ou não conveniente, ou orientado a atingir determinadas finalidades, jamais podem ser compreendidos à luz de interesses sustentáveis publicamente, mas, pelo contrário,

---

5 DWORKIN, op. cit., 2002, p. 36 et seq.
6 CHAMON JUNIOR, op. cit., 2006, p. 159.

essas espécies de fundamentos só são interpretáveis com supedâneo em interesses privados. Foi desrespeitada, assim, a própria ideia de democracia participativa ou o sentido de Estado Democrático de Direito.

Não se pode olvidar também que, ao introjetar em um discurso de aplicação da norma, argumentos políticos – diretrizes políticas – o Supremo Tribunal Federal está desrespeitando não só a diferença entre discurso de fundamentação e aplicação da norma, mas, sobretudo, a distinção entre atividade jurisdicional e atividade legislativa. Afinal, como ensina Dworkin, somente ao Poder Legislativo cabem as escolhas políticas. Ao Judiciário cabe apenas a aplicação dos princípios e regras, nos casos que lhe são colocados para julgamento.

Nesse ínterim, faz-se necessário observar que, assim julgando, ou seja, incorporando argumentos políticos em uma decisão jurídica, o princípio da separação dos poderes insculpido no artigo 2º da Constituição da República Federativa do Brasil estará sendo afrontado, justamente pela confusão estabelecida entre atividade jurisdicional e legislativa. Percebe-se, assim, o motivo pelo qual foi destacado que uma interpretação do juízo de tipicidade realizada à luz do "princípio" da bagatela é apenas uma leitura pretensamente constitucional, pois, na realidade, o que está submerso é uma flagrante inconstitucionalidade, um total desrespeito à separação dos poderes, esse, sim, um princípio jurídico do Estado Democrático de Direito "eleito" em um processo legislativo democrático.

O que o Ministro Celso de Melo não compreende em seu voto é que, ao Judiciário, não é dado o direito de proceder a um novo discurso de justificação do sistema jurídico, muito pelo contrário, deverá apenas cingir-se a um juízo de adequação da norma ao caso concreto, reconstruído argumentativamente. Argumentos políticos utilizados em um processo de construção do Direito não podem ser novamente elencados como fundamento de uma decisão jurídica, no máximo, podem ser utilizados pelas partes que, como é sabido, agem estrategicamente.

Não há de se desestimar que, como nos ensina Habermas, tais estratégias são depuradas pelo próprio processo, ponto, aliás, destacado neste trabalho.

Essa suposta "subsidiariedade" do Direito Penal, conforme foi tratada no Recurso Ordinário em *Habeas Corpus* nº 107.264 enquadra-se perfeitamente na leitura convencionalista que vem sendo realizada desse ramo do Direito Público, no sentido de que o Direito Criminal é a *ultima ratio*, só devendo incidir quando os outros ramos do Direito não forem suficientes para reprimirem a conduta ilícita perpetrada. O Direito Penal deve ser a última fronteira no controle social, vez que seus métodos são os que atingem de maneira mais intensa a liberdade individual.[7]

Ocorre que não existe na doutrina, nacional ou estrangeira, quiçá na jurisprudência, uma definição ou um conceito de quando, ou a partir de que instante, os outros vários ramos do Direito dão respostas satisfatórias a diversos conflitos cotidianos, sem necessidade de intervenção do Direito Penal. Talvez não se tenha determinado esse momento, justamente pela impossibilidade de se encontrar um conceito jurídico sobre o que seja *"ultima ratio"*, pois, na realidade, é mais um argumento pragmatista, utilizado equivocadamente pelo Supremo Tribunal Federal em um discurso de aplicação da norma.

Ademais, essa questão da *"ultima ratio"* tem sido colocada de uma maneira totalmente equivocada, pois o fato de outros ramos jurídicos penalizarem determinada conduta, jamais pode servir de argumento jurídico para uma não aplicação do Direito Penal, sob pena de enfraquecimento de seu caráter normativo, de sua força normativa. O que pode afastar uma aplicação do Direito Penal a um caso concreto é a não realização de um tipo penal, e não a punição desse fato por outro ramo do Direito.

Já se pode, desse modo, adiantar que o tipo penal ou é ou não é violado. Não existe uma "pequena" realização do tipo penal, como pretende transparecer o Supremo Tribunal Federal, ao aplicar um suposto "princípio" da insignificância, em outras palavras, o bem jurídico tutelado pela norma penal pode ser ou não lesado, jamais insignificantemente atingido, isso sob uma ótica jurídica.

Torna-se necessário levantar uma presumida observação. No Recurso Ordinário em *Habeas Corpus* nº 107.264 a lesão foi considerada insignificante, pois o valor da *res furtiva* perfazia a quantia de R$ 166,59 (cento e sessenta e seis reais e cinquenta e nove centavos). O fato de essa lesão ser considerada insignificante, sob a ótica do sistema da economia ou de outro subsistema social, não implica que ela seja insignificante do ponto de vista do sistema jurídico, muito antes, pelo contrário. Nesse ponto, encontra-se outra incompreensão do Ministro Celso de Melo.

O pequeno valor da *res furtiva* jamais pode ser interpretado pelo Direito Penal (pelo menos da maneira como esse ramo do Direito se encontra estruturado), como uma não realização do tipo penal, pois, conforme já evidenciado, o tipo penal ou é realizado ou não é violado, não existindo uma pequena realização. Assim, a insignificância da lesão pode ser e deve

---
7 ESTEFAM, André; RIOS GONÇALVES, Victor Eduardo. *Direito penal esquematizado*. 2ª ed. São Paulo: Saraiva, 2013, p. 136.

ser considerada no momento da dosimetria da pena, quando o juiz aplica a sanção penal necessária para o caso concreto, conforme estabelecem os artigos 59 e 68 do Código Penal brasileiro, ou seja, será apreciada após o reconhecimento do crime que, no caso concreto, é uma tentativa de furto.

O que se pretende afirmar com isso é que a insignificância da conduta, jamais, em tempo algum, poderia ser interpretada pelo Direito Penal como excludente da tipicidade.[8]

O caso concreto selecionado neste estudo, e evidenciado pelo Recurso Ordinário em *Habeas Corpus* nº 107.264, é típico. Assim sendo, isso não implica dizer que o Supremo Tribunal Federal ou qualquer outro magistrado possa desconsiderar a intensidade da lesão no momento de fixar a pena para o caso concreto.

Traduzindo bem, o que se propõe demonstrar, através dos argumentos até então expendidos, coadunam-se aos seguintes ensinamentos de Chamon Junior:

> Antes, todos os tipos hão que ser interpretados em face do sistema de princípios jurídicos que é o Direito e, em face do caso, é que se poderá concluir, em razão de suas especificidades, pela infração de um dever penalmente relevante ou não. Nesse sentido, em face do caso aqui reconstruído nos argumentos centrais de sua decisão, podemos afirmar que o furto de vinte e cinco reais, ainda que representando menos de dez por cento do então valor vigente do salário mínimo, é sim, crime, ao qual deve ser aplicada a pena adequada. Isso significa, pois, que todas as circunstâncias do caso devem ser analisadas para se decidir pela pena adequada. Inclusive o fato de se ter furtado referente valor.[9]

Assim sendo, considerar o "princípio" da insignificância como causa de exclusão da tipicidade, como relatado no Recurso Ordinário em *Habeas Corpus* nº 107.264, envolve obrigatoriamente a assunção de argumentos éticos, morais e pragmatistas que, como estudado, não podem ser levados indistintamente a um discurso de aplicação da norma, isso se a decisão jurídica pretende legitimidade em um Estado Democrático de Direito.

---

8 "Aliás, essa cisão entre 'tipicidade material' e 'tipicidade formal' se deve ao fato de a doutrina e a práxis tradicionais não compreenderem uma superação da distinção entre forma e conteúdo no sentido de que não há um sentido do tipo que seja literal ('formal') e outro normativo ('material'). O tipo é, a um só tempo, texto normativo e normativamente, pois há ser interpretado. Tal dificuldade se deve a uma sempre presente interpretação naturalista do Direito Penal em detrimento de uma compreensão normativa adequada à efetivação do Estado Democrático de Direito" (CHAMON JUNIOR, op. cit., 2006, p. 165).

9 CHAMON JUNIOR, op. cit., 2006, p. 165.

Ademais, se é possível advertir que assumir o "princípio" da insignificância como interpretado no Recurso Ordinário em *Habeas Corpus* nº 107.264 implica obrigatoriamente em uma assunção de argumentos éticos, morais e pragmatistas, via de consequência, conclui-se, também, que haverá uma corrupção do sistema, já que a decisão importará em desrespeito ao código do Direito, qual seja, licitude/ilicitude.

A posteriori, pelo simples fato de que essa suposta "subsidiariedade" do Direito Penal, conforme exposto no voto do relator Ministro Celso de Melo, foi orientada pragmaticamente a um determinado fim (supostamente orientada a preservar um direito individual, que no caso concreto é a liberdade), pretensamente mais conveniente e interessante, faz com que ela não possa ser interpretada como um princípio jurídico, e sim como uma diretriz política. Nesse diapasão vale trazer os pensamentos de Chamon Junior, ensinando:

> Essa é a razão pela qual "subsidiariedade" há que ser assumida não como um "princípio jurídico". Se compreendermos a subsidiariedade do Direito penal no sentido de que este deve se apresentar como *"última ratio"*, enfim, no sentido de justificar um Direito Penal mínimo, tanto por argumentos de conveniência, como de interesse, referida subsidiariedade não nos surge como um princípio jurídico, mas como uma *diretriz política*, orientada pragmatisticamente a um fim, e que, enquanto tal, há que se submeter ao debate político aberto a todos. Não podemos assumir de forma naturalizada, e inquestionável, que o sentido "do" Direito Penal seja nem uma proposta de intervenção mínima, nem uma proposta ao gosto do *law and order*. O que tão somente podemos defender é que, qualquer que seja a decisão em um determinado processo legislativo legítimo, o que jamais pode ocorrer é o desrespeito ao sentido do Direito, qual seja, o processo constante de garantia dos direitos fundamentais.[10]

Em relação a uma pretensa função de intervenção mínima do Direito Penal, além da já criticada *ultima ratio*, vale manifestar, ainda, sobre os pensamentos desenvolvidos pela teoria luhmanniana, mais especificamente no que diz respeito à função de cada subsistema social.

Pode-se assegurar que a diferenciação funcional é algo imanente a Modernidade e como destacado por Luhmann em sua Teoria do Sistema, sendo esses ensinamentos seguidos por Habermas, cada subsistema possui uma função que lhe é específica.

---
10   Ibid., p. 160.

A função do Direito Penal não é a de intervenção mínima, como pretende o Supremo Tribunal Federal, muito menos a de controle social como quer a doutrina. A função do Direito – Sistema do Direito – é a de estabilizar normativamente expectativas de comportamento generalizadas diante de um futuro que se apresenta como incerto. Essa é outra incompreensão da *praxis* jurídica.

Outro argumento utilizado de forma aproblematizada pelo Ministro Celso de Melo, em seu voto, valendo-se o magistrado das lições de Fernando Capez, foi o de que, apesar de o "princípio" da insignificância não estar previsto no ordenamento jurídico pátrio, funda-se em conveniência de política criminal. Aliás, todo desenvolvimento do "princípio" da insignificância foi orientado por questões de política criminal e isso ficou consignado expressamente na obra de Claus Roxin.

Faz-se necessário, nesta oportunidade, o resgate de um questionamento levantado no primeiro capítulo desta dissertação. Será que é possível compreender o Direito Penal como um instrumento apto a realizar alguns objetivos político-criminais?[11]

A resposta é negativa. Nesse ponto reside toda a incompreensão do Direito moderno e da própria definição de Modernidade.

A Modernidade é marcada, entre outros aspectos, por uma diferenciação funcional. A sociedade Moderna é composta por um conjunto de subsistemas funcionalmente diferenciados, que historicamente foram se especificando no processo de modernização. O sistema, nas palavras de Chamon, é aquilo que o próprio sistema produz e reproduz.

O Direito como subsistema social é quem diz o que é o Direito. O sistema do Direito – autopoiético – não é definido pelo sistema da Política, outra incompreensão assumida no voto do Ministro Celso de Melo. Quando o Supremo Tribunal Federal interpreta o tipo penal orientado por finalidades de política criminal, o que ocorre é a chamada corrupção do sistema, e essa percepção só é possível devido à Teoria dos Sistemas desenvolvida por Niklas Luhmann. Não se pode submeter o sistema jurídico às leituras de política criminal, pelo menos não em um discurso de aplicação do Direito.

Argumentos de política criminal só podem ser assumidos como legítimos em um processo legislativo democrático de construção do Direito, em um espaço público em que todos os participantes preservam suas respectivas liberdades subjetivas e seus direitos fundamentais, possuindo, assim, a possibilidade de fazer valer suas opiniões, e não em um discurso de

---
11 CHAMON JUNIOR, op. cit., 2006, p. 154.

aplicação da norma jurídica, pois, caso contrário, desrespeita-se a própria racionalidade/legitimidade do sistema jurídico na Modernidade.

Leituras com base em política criminal vão se enquadrar perfeitamente na definição de diretrizes políticas elaboradas por Ronald Dworkin e, como já frisado, esse tipo de argumento – política – compete apenas ao legislador político. Argumentos assumidos em um discurso de justificação, como os pragmatistas, por exemplo, não podem ser levados indistintamente para um discurso de aplicação do Direito, sob pena de se desconsiderar a distinção existente entre atividade legislativa e atividade jurisdicional, como retromencionado. Ademais, outro ponto/aspecto completamente abandonado pelo Supremo Tribunal Federal, ao aplicar o "princípio" da insignificância com base em uma pretensa leitura guiada por questões de política criminal, diz respeito à distinção – aspecto da modernização do Direito na Modernidade – entre juízo de correção normativa e juízo de eficácia.

Em um discurso de aplicação do Direito não pode ser assumida validamente uma argumentação em torno de meios a se alcançar determinados fins[12] (juízo de eficácia – meios a fins), pelo contrário, o juízo deve ser o de correção normativa, ou seja, um juízo de adequabilidade.

Desse modo, em um primeiro momento, deve-se levar a sério o caso concreto apresentado, reconstruindo-o, argumentativamente, com todas as suas especificidades, e atenção para as diferenças que fazem diferenças, de modo a compreender, enfim, que cada caso é único e não repetível.

Em um segundo momento, após a reconstrução argumentativa do fato concreto apresentado, deve ser analisada qual norma *prima facie* aplicável é a correta (juízo de correção) para o caso tratado, pois a norma jurídica só se aplica, como já mencionado, aos casos concretos que se subsumam à sua descrição hipotética, justamente por não ser possível incluir na lei todos os traços característicos das situações concretas.

Vale citar os ensinamentos de Klaus Günther, destacados na obra *Liberdade de Expressão e Discurso de Ódio na Constituição de 1988*, a conferir:

> A cláusula *prima facie* apenas significa que será insuficiente arguir que uma norma válida é aplicável a este caso. A cláusula *prima facie* contém um ônus recíproco de argumentação. Devido a este ônus de argumentação, os participantes são obrigados a dar boas razões para a modificação ou derrogação

---

12 CHAMON JUNIOR, op. cit., 2006, p. 158.

de outras normas que poderiam ser aplicadas a uma situação descrita de modo completo.[13]

E é dessa forma, para que haja o ônus da argumentação mencionado, que Klaus Günther vai enunciar que se faz necessário proceder a um discurso especial, denominado por ele discurso de aplicação[14].

Dessa forma, o Supremo Tribunal Federal, no caso concreto aqui reconstruído, desconsiderou por completo o juízo de adequação normativa, não desvelando a resposta correta e racional para o caso apresentado, que seria justamente o reconhecimento da prática de uma tentativa de furto. Isso sem olvidar que se desconsiderou, por completo, uma norma criada em um processo democrático de construção do Direito, enfraquecendo, assim, normativamente, o sistema jurídico.

Tema de grande relevo no voto do Ministro Celso de Melo, sendo considerado uma espécie de "guia" na aplicação do "princípio" da bagatela, no caso concreto relatado no Recurso Ordinário em *Habeas Corpus* nº 107.264, foi a presença de quatro vetores básicos para a compreensão da insignificância da conduta praticada pela paciente A.P.E.P.

O Supremo Tribunal Federal relatou no Recurso Ordinário em *Habeas Corpus* nº 107.264 que a conduta da paciente A.P.E.P. é insignificante, pois é simultaneamente considerada uma conduta minimamente ofensiva do agente; com ausência de risco social da ação; reduzido grau de reprovabilidade do comportamento; e a inexpressividade da lesão jurídica.

Mas, em nenhuma passagem do Recurso Ordinário no citado e estudado *Habeas Corpus*, foi delimitado ou determinado um conceito do que seja uma conduta minimamente ofensiva, ou uma ação que não possua nenhum risco social, bem como não foi conceituado o que vem a ser reduzido grau de reprovabilidade de um comportamento ou inexpressividade da lesão jurídica. Afinal, o que é uma conduta insignificante?[15] Leva-se em consideração o sujeito passivo ou o bem jurídico violado?

Vale frisar que o que se busca neste estudo é a definição jurídica de uma conduta insignificante, pois, conforme já mencionado, apenas argumentos jurídicos podem ser utilizados em uma decisão jurídica, ou em um discurso de aplicação da norma.

O fundamento de não se poder responder aos questionamentos levantados não é outro, senão a impossibilidade de se definir juridicamente

---

13 OMMATI MEDAUR, op. cit., 2012, p. 130.
14 Ibid., p. 131.
15 CHAMON JUNIOR, op. cit., 2006, p. 163.

o que é uma conduta insignificante. Não se pode precisar quais são realmente os critérios jurídicos para se definir a insignificância de um comportamento.

Juízos sobre a relevância do bem jurídico são axiológicos e incapazes de compreender a força normativa do Direito e sua legitimidade em um Estado Democrático de Direito.[16]

E o que é pior, como ora mencionado, as razões e os fundamentos referentes a uma mínima ofensividade da conduta ou inexpressividade da lesão obrigam a assumir uma ordem valorativa, a partir da qual se pode definir o que é, do ponto de vista desses valores, mínima ofensividade ou inexpressividade da lesão.[17] A mesma compreensão vale para a conceituação do que vem a ser "reduzidíssimo grau de reprovabilidade da conduta", embora neste aspecto fosse imprescindível o uso de argumentos éticos e não morais.

Em um discurso de aplicação do Direito não pode o magistrado se valer de argumentos éticos ou morais, para fundamentar sua decisão, pois, se assim agir, como fez o Supremo Tribunal Federal no Recurso Ordinário em *Habeas Corpus* nº 107.264, estará desconsiderando a pluralidade da sociedade Moderna, isso sem relevar o total desprezo ao procedimento legítimo de criação do Direito na Modernidade.

Argumentos éticos, morais e pragmatistas são válidos, quando utilizados em um discurso de justificação do Direito, em um espaço público no qual os cidadãos têm reconhecido as suas liberdades subjetivas e os seus direitos fundamentais, podendo se valer dessas espécies de argumentos para "impor" seus respectivos pontos de vista.

Num processo de aplicação do Direito, argumentos dessa natureza – éticos, morais e pragmatistas – como aqueles utilizados pelo Supremo Tribunal Federal, no caso aqui reconstruído, contribuem apenas para uma corrupção do sistema do Direito, bem como seu enfraquecimento normativo, e, em vez de supostamente tutelarem um direito fundamental, como a liberdade, são usados, em sentido diametralmente opostos, ou seja, desrespeitam frontalmente esses direitos, construídos em um espaço público, que devem, ou pelo menos deveriam, ser preservados em um discurso de aplicação da norma. Isso sem deslembrar que, decidindo dessa forma, o Supremo Tribunal Federal, além de não respeitar os direitos fundamentais, está afrontando diretamente o próprio sentido do Direito

---

16 CHAMON JUNIOR, op. cit., 2006, p. 163.
17 Ibid., p. 162.

na Modernidade, qual seja, o de os cidadãos se reconhecerem como livres e iguais, na maior medida do possível.

Não existe na Modernidade um *ethos* compartilhado por todos; o que tem valor para um determinado indivíduo ou para seu grupo não tem para outro, assim não pode o Supremo Tribunal Federal, como fez no Recurso Ordinário em *Habeas Corpus* nº 107.264, definir o que é insignificante, sem desconsiderar a própria pluralidade, a própria complexidade da Modernidade, não sendo, pois, considerada a decisão prolatada nesse recurso, legítima.

Consta, no parágrafo anterior, que não existe na sociedade Moderna um *ethos* compartilhado por todos, e essa assertiva explica o motivo pelo qual, no capítulo primeiro desta dissertação, é apresentada a decisão do Superior Tribunal de Justiça, do Tribunal de Justiça do Rio Grande do Sul e do magistrado de primeiro grau. Explica-se. O mesmo caso, qual seja, a tentativa de furto perpetrada pela paciente A.P.E.P, foi considerado típico pelo Superior Tribunal de Justiça. Em outras palavras, não foi entendido como insignificante, ao contrário do entendimento esposado pelo Supremo Tribunal Federal e pelo Tribunal de Justiça Rio-grandense.

Mas o que isso significa? Isso denota a demonstração real e concreta de que não existe um *ethos* compartilhado por todos. Não existe um valor que seja de toda a sociedade. E, mais, significa dizer que é impossível se definir, juridicamente, o que vem a ser uma conduta insignificante, sem abrir mão da pluralidade Moderna.

Vale mencionar as lições de Chamon:

> E tal posicionamento não se trata de um mero "formalismo" exacerbado, mas de garantia da democracia e de iguais direitos fundamentais a todos, e, inclusive, no que se refere ao próprio debate e construções públicas de normas jurídicas acerca da descriminalização legislativa de condutas cujo sentido de insignificância há que ser construído nesse processo democrático, em que as forças argumentativas, em busca de melhores argumentos, têm igualmente a possibilidade de serem levadas em conta. É através do processo legislativo democrático, pois, que o poder político pode ser traduzido normativamente.[18]

Contudo, a questão do "princípio" da insignificância ainda se encontra mais submersa. Apesar da afirmação, por várias vezes, de que é o processo legislativo democrático o encarregado de "conceder" legitimidade ao

---
18 CHAMON JUNIOR, op. cit., 2006, p. 164.

Direito na Modernidade, em relação ao "princípio" da insignificância, existe a necessidade de maior profundidade no exame dessas reflexões.

Primeiramente, deve-se esclarecer que o simples fato de o "princípio" da insignificância não se encontrar positivado em nosso ordenamento, não é razão jurídica para desconsiderá-lo como um princípio jurídico.

Porém, e aqui está o tema subentendido que se deve enfrentar, ainda que o pretenso "princípio" da insignificância se apresente a um debate democrático[19], a um debate público, onde todos os cidadãos tenham preservados os seus direitos fundamentais e suas liberdades políticas, ele não pode ser considerado um princípio jurídico.

Ou seja, nem o processo legislativo democrático é capaz de conferir ao "princípio" da bagatela a força normativa de um princípio jurídico. Basta perceber que, no caso concreto reconstruído nesta dissertação, ainda que sob a ótica de uma ordem de valores, pode-se entender que a conduta da paciente A.P.E.P não seja reprovável. Do ponto de vista jurídico, reprovabilidade possui outro significado que impede de dizer que o comportamento da recorrente seja lícito.

Reprovável, juridicamente, deve ser entendido, como sendo aquela conduta que viola um dever legitimamente constatável no caso concreto.[20] Ora, dúvida não há de que a conduta da paciente A.P.E.P violou um dever juridicamente imposto pela legislação vigente. Assim, não se pode enunciar que uma conduta violadora de um dever jurídico possa ser ao mesmo tempo considerada como um princípio jurídico, em outras palavras, a conduta não pode ser ao mesmo tempo, e no mesmo caso concreto, lícita e ilícita.

Também não é plausível esquecer que outros fundamentos permitem afirmar que, ainda que o "princípio" da insignificância fosse submetido ao processo legislativo, ele não seria um princípio jurídico. Isso se dá pelo simples fato de que a insignificância jamais possuiu uma lógica argumentativo-jurídica, um sentido jurídico, pois, como afirmado anteriormente, o sentido jurídico penal de uma conduta é a realização ou não do tipo penal e não uma "pequena" ou "menos intensa" realização. Dessa forma, o pretenso princípio da "insignificância" possui, sim, uma lógica argumentativa política/econômica, tendo como fundamento argumentos que são, no máximo, diretrizes políticas, jamais um padrão jurídico.

E essa observação ganha muita importância e relevo, à medida que existe no Congresso Nacional um Projeto de Lei nº 236/2012 que pretende

---

19 CHAMON JUNIOR, op. cit., 2006, p. 166.
20 Ibid., p. 163.

positivar o pretenso "princípio" da insignificância. O Projeto afirma em seu artigo 28, § 1º, não haver o fato criminoso, quando cumulativamente se verificarem as seguintes condições: a) mínima ofensividade da conduta do agente; b) reduzidíssimo grau de reprovabilidade do comportamento; c) inexpressividade da lesão jurídica provocada.[21]

Assim exposto, percebe-se que a ideia do "princípio" da insignificância, aviltada no projeto de lei mencionado acima, é a mesma exposta no Recurso Ordinário em *Habeas Corpus* nº 107.264, merecendo, pois, as mesmas críticas já recebidas até o momento.

Pode-se afirmar, portanto, que, ao aplicar no caso concreto, objeto deste trabalho, o suposto "princípio" da insignificância, o Ministro Celso de Melo e todo o Supremo Tribunal Federal fazem com que sejam introjetados, em um discurso de aplicação da norma jurídica, argumentos morais, éticos e pragmatistas, desconsiderando, por completo, o sistema de direitos fundamentais, uma vez que não interpretam uma norma jurídica sob uma perspectiva jurídica, muito pelo contrário, fazem uma interpretação da norma jurídica sob um enfoque ético, pragmatista, ou moral.

Mais uma vez, pode-se afirmar que razões morais, éticas e pragmatistas não "realizam" os direitos fundamentais.[22] Uma decisão jurídica deve ser prolatada com supedâneo em razões jurídicas.

Assumir a "insignificância" de uma conduta, conforme a leitura realizada pelo Supremo Tribunal Federal no Recurso Ordinário em *Habeas Corpus* nº 107.264, ou seja, vista sob uma perspectiva valorativa, pragmatista ou ética, traz uma enorme e errônea exposição do sistema do Direito, pois, assim, qualquer exegese ou leitura do caso concreto que for realizada pode ser considerada a correta, haja vista o caso reconstruído e analisado neste trabalho, em que o magistrado de primeiro grau e o Supremo Tribunal Federal entenderam pela aplicação do "princípio" da bagatela, dizendo ser insignificante a lesão ao bem jurídico protegido, decisão diametralmente oposta à do Tribunal de Justiça do Rio Grande do Sul e do Superior Tribunal de Justiça.

---

21 BRASIL. *Projeto de lei nº 236 de 2012*. Dispõe sobre as alterações no Decreto-Lei nº 2.848, de 7 dezembro de 1940. Disponível em: <http://www.senado.gov.br/atividade/materia/getPDF.asp?t=110444&tp=1>. Acesso em: 09 maio 2013.

22 "Que do meu ponto de vista ético eu possa considerar determinadas condutas ou 'lesões' como insignificantes, que da minha opinião política eu possa concordar com os argumentos acima apresentados e que também acredite que não seja justo condenar um sujeito por um furto de vinte e cinco reais a meses de privação de liberdade, não decorre que eu possa, legitimamente, desconsiderar as normas jurídicas, o Direito, enfim, e fazer, no caso, meus posicionamentos as solução normativa adequada" (CHAMON JUNIOR, op. cit., 2006, p. 164).

Não se pode deixar de frisar ainda que os mesmos argumentos que são utilizados pelo Supremo Tribunal Federal, para aplicar o "princípio" da insignificância, são utilizados para afastar sua incidência, realizando, assim, uma leitura totalmente "pessoal" do Direito.

Em outras palavras, quando se utiliza o suposto "princípio" da bagatela, como foi utilizado no Recurso Ordinário em *Habeas Corpus* nº 107.264, o Direito está exposto a qualquer tipo de interpretação, e não àquela exegese adequada ao caso concreto.[23]

Somente uma teoria da argumentação jurídica, que leve a sério o sistema de direitos fundamentais, o sentido do Direito na Modernidade e reconstrua argumentativamente o caso concreto, respeitando as liberdades individuais, o Direito construído em um processo legislativo democrático e as diferenças que fazem diferença em cada caso apresentado ao Judiciário, será capaz de revelar a resposta correta para o problema concreto.

Essa espécie de leitura do sistema jurídico, impregnada de argumentos éticos, morais e pragmatistas, orientada ainda por questões político-criminais, como a realizada pelo Supremo Tribunal Federal no Recurso Ordinário em *Habeas Corpus* nº 107.264, desconsidera por completo o caráter/força normativo do Direito.

Assim, em vez de violentar a força normativa do sistema jurídico, como fez o Supremo Tribunal Federal no Recurso Ordinário em *Habeas Corpus* nº 107.264, introduzindo em um discurso de aplicação das normas espécies de argumentos – éticos, morais e pragmatistas – que devem ser utilizados em um discurso de justificação, o que deveria ocorrer é uma mobilização da opinião pública, para se criar, em um processo democrático, normas que pudessem permitir uma interpretação normativa da "insignificância penal" de um comportamento, isto é, a sua descriminalização.[24]

---

23 CHAMON JUNIOR, op. cit., 2006, p. 165.
24 Ibid., p. 166.

Conclusão

Considerando os temas perpetrados nos capítulos acima, pode-se perceber que o pretenso "princípio" da insignificância não é um princípio jurídico, sendo, no máximo, uma diretriz política; e o que é inaceitável, assumida em um discurso de aplicação do Direito, desprezando, assim, a diferenciação existente entre atividade legislativa e jurisdicional.

Sob qualquer viés interpretativo apresentado na presente dissertação, nota-se nitidamente que o conceito de "insignificância", pelo menos da forma como foi aplicado pelo Supremo Tribunal Federal no Recurso Ordinário em *Habeas Corpus* nº.107.264, não é um argumento jurídico e sim um argumento político/econômico.

Na ótica de Klaus Günther, que diferenciou discurso de fundamentação da norma de discurso de aplicação do Direito, o suposto "princípio" da bagatela se enquadraria ajustadamente em um exemplo claro de que o aplicador do Direito, no caso o Supremo Tribunal Federal, desconhece ou ignora por completo a distinção existente entre a atividade de um legislador e a atividade jurisdicional, pois, na realidade, o que o Ministro Celso de Melo não percebeu, ao expor seus fundamentos favoráveis a um "princípio" da insignificância, foi que se procedia a um novo discurso de justificação do Direito.

Ao aplicar o "princípio" da bagatela no caso aqui reconstruído, o Supremo Tribunal Federal obrigatoriamente introduziu em um discurso, de aplicação da norma, argumentos éticos, morais e pragmatistas, ignorando que, o *locus* dessas espécies argumentativas é o discurso de fundamentação do Direito.

Assim, sob a ótica de Klaus Günther, o "princípio" da insignificância ignora a diferença existente entre discurso de fundamentação e aplicação do Direito, mas foi pertinente examiná-lo sob a visão da Teoria do Sistema.

Nesse diapasão, não restou dúvida de que, para a teoria luhmanniana, o suposto "princípio" da insignificância nada mais é do que uma corrupção do sistema do Direito, por seu ambiente, uma vez que ele não opera sob o código licitude/ilicitude, mesmo porque as espécies de argumentos utilizados na aplicação de mencionado "princípio" não constituem uma operação do sistema jurídico. Em outros dizeres, não se especializa no código binário do Direito.

Debruçando-se sobre os conceitos desenvolvidos por Ronald Dworkin – diferença entre princípios e política – elucidou-se que a "insignificância" não é um argumento de princípios, e sim um argumento de política, ou, no máximo, uma diretriz política.

Os argumentos de princípios referem-se aos direitos individuais, sendo verdadeira proteção do indivíduo/cidadão. O suposto "princípio" da insignificância tornou-se, nessa realidade, uma forma de "desproteger" o indivíduo.

Pelas lições de Marcelo Campos Galuppo, esclareceu-se que os direitos interpretados apenas como valores não permitem qualquer tipo de proteção do indivíduo contra a sociedade e o Estado.

Os argumentos de política justificam uma decisão política, mostrando que a decisão fomenta ou protege algum objetivo da comunidade como um todo, justamente como decidiu o Supremo Tribunal Federal no Recurso Ordinário em *Habeas Corpus* nº 107.264, fundamentando sua decisão no que é "bom/melhor ou preferível para a comunidade" e não no que é correto ou devido (juízo de correção/adequação).

Apontando-se para um viés constitucional, ou, melhor dizendo, do direito positivado em nossa Carta Política, nota-se uma inconstitucionalidade submersa a uma "pretensa" leitura constitucional do Direito Penal.

Ao incorporar argumentos políticos, éticos e pragmatistas em uma decisão jurídica, o princípio da separação dos poderes, positivado no artigo 2º da Constituição da República Federativa do Brasil, está sendo ignorado, e isso se dá pela confusão estabelecida entre atividade jurisdicional e legislativa.

Assim, a leitura da "bagatela" realizada pelo Supremo Tribunal Federal, Recurso Ordinário em *Habeas Corpus* nº 107.264, é uma interpretação apenas "supostamente" constitucional, escondendo, na realidade, uma inconstitucionalidade.

Para Jürgen Habermas que, através de sua Teoria Procedimental Discursiva do Direito e da Democracia, colocou no processo legislativo democrático a "força" legitimadora do Direito na Modernidade e em um Estado Democrático de Direito, o suposto "princípio" da bagatela é uma afronta aos direitos fundamentais e às liberdades subjetivas e políticas dos cidadãos. Em suma, desrespeita o próprio direito construído nesse processo discursivo.

O magistrado está autorizado, em qualquer caso concreto que lhe é apresentado, e com o Recurso Ordinário em *Habeas Corpus* nº 107.264 não é diferente, a aplicar o Direito construído democraticamente, e não "criá-lo" e aplicar a sua criação, como ocorreu no caso ora reconstruído. Princípios jurídicos, nas palavras de Chamon, somente são jurídicos se forem assumidos com referência à *praxis* discursiva que o Direito representa.

O "princípio" da insignificância, amplamente discutido no decorrer da pesquisa, não é um princípio jurídico, não possui uma lógica jurídica, sua lógica é política, e/ou econômica. Seus supedâneos e suas bases, além de os argumentos que são utilizados em sua aplicação, não podem ser submetidos a uma discussão pública, ao contrário, são de cunho privados, referentes a valores, sempre pessoais.

O Direito não é aquilo que o Supremo Tribunal Federal opta para que seja, mas, ao contrário, o Direito vem de uma *praxis* argumentativa, comunicativa, devendo as normas jurídicas ser criadas em um espaço público, no qual todos os participantes possuem iguais possibilidades de argumentação e contra-argumentação, podendo fazer valer seu ponto de vista.

A norma jurídica não pode ser "eleita" ou "criada" por um órgão do Judiciário. A esse órgão só cabe desvelar a norma adequada (juízo de correção/adequabilidade) para o caso que lhe é apresentado, jamais "(re) inventá-la", como fez o Supremo Tribunal Federal no Recurso Ordinário em *Habeas Corpus* nº 107.264.

O Direito é que deve garantir seu próprio processo de criação e construção, sendo que, se pretende legitimidade, obrigatoriamente, deverá respeitar – em seu processo de fundação – os direitos fundamentais elencados neste estudo. São fundamentais, porque são justamente os fundamentos de legitimidade, de validade e de racionalidade do próprio Direito, enquanto sistema social em um Estado Democrático de Direito.

Nesse diapasão, ou seja, sob uma perspectiva da Teoria Discursiva do Direito e da Democracia, de Habermas, o pretenso "princípio" da insignificância, sobre o pretexto de uma aplicação constitucional do Direito Penal e de uma suposta proteção aos direitos fundamentais – liberdade –, acaba por se "autodevorar", posto que, na realidade, desrespeita frontalmente os direitos fundamentais que servem de "fundamento" para a construção e reinterpretação do próprio sistema normativo do Direito na Modernidade.

Ainda, dentro de uma teoria da argumentação jurídica orientada por um paradigma procedimental do Estado Democrático de Direito, a resposta adequada/correta só pode ser encontrada após a reconstrução argumentativa de cada caso concreto, levando-se em consideração suas peculiaridades e diferenças, que o torna único, e não o definindo, empiricamente, como fez o Supremo Tribunal Federal no Recurso Ordinário em *Habeas Corpus* nº 107.264, uma espécie de "padrão" que permite considerar indistintamente em todos os casos o que é uma lesão "insignificante", procedendo, assim, a uma leitura positivista e convencionalista do Direito.

Assim decidindo, o que o Supremo Tribunal Federal não percebeu é que os mesmos argumentos/fundamentos que utiliza para aplicar, também são utilizados para afastar de um caso concreto o suposto "princípio" da bagatela ou insignificância.

A legitimidade do Direito deve ser resgatada pelo próprio Direito. São os sujeitos afetados pela norma jurídica que devem, discursivamente, em um espaço público, no qual são garantidos os direitos fundamentais e as liberdades políticas e subjetivas, criar as normas, as quais submeterão sua futura coexistência (as normas não são criadas pelo Judiciário).

É justamente pelo fato de ter que reconhecer, na maior medida do possível, iguais liberdades fundamentais a todos os concidadãos, isso sem olvidar que a sociedade Moderna não possui um *ethos* compartilhado por todos, mas, ao contrário, os valores são extremamente controvertidos, é que o Direito moderno não pode ser interpretado axiologicamente. Não pode uma decisão jurídica, que se pretende legítima, desrespeitar essa pluralidade moderna.

Não é possível falar em democracia, se uma decisão jurídica não especializa seus fundamentos orientados pelo código do Direito (licitude/ ilicitude), se não respeita o Direito criado em um processo legislativo democrático, onde todos os participantes tiveram iguais possibilidades de participação, pois são os concidadãos que se reconhecem como livres e iguais, os verdadeiros representantes da sociedade brasileira.

Referências Bibliográficas

ALEXY, Robert. **Conceito e Validade do Direito**. Trad. Gercélia Batista de Oliveira Mendes. 1. ed. São Paulo: Martins Fontes Ltda., 2009.

_____. **Constitucionalismo Discursivo**. Trad. Luiz Afonso Heck. 3. ed. Porto Alegre: Livraria do advogado, 2011.

_____. **Justicia como Correción**. Trad. Ana Inés Haquín. Alicante: Biblioteca Virtual Miguel de Cervantes, 2005.

_____. Sistema Jurídico, princípios jurídicos y razón prática. In: **Derecho y razón práctica**. Trad. Ernesto Garzón Valdés. Mexico: Fontamara, 1993.

_____. **Teoria da Argumentação Jurídica**: A Teoria do Discurso Racional como Teoria da Fundamentação Jurídica. Trad. Zilda Hutchinson Schild Silva. São Paulo: Landy, 2001.

_____. **Teoria dos Direitos Fundamentais**. Trad. Virgílio Afonso da Silva. 2. ed. São Paulo: Malheiros, 2008.

ÁVILA, Humberto. **Teoria dos Princípios**: da definição à aplicação dos princípios jurídicos. São Paulo: Malheiros, 2009.

BARROSO, Luís Roberto (Org.). **A Nova Interpretação Constitucional**: ponderação, direitos fundamentais e relações privadas. 3. ed. Rio de Janeiro: Renovar, 2008.

BITENCOURT, Cesar Roberto. **Tratado de Direito Penal**: parte geral. v.1. São Paulo: Saraiva, 2012.

BONAVIDES, Paulo. **Curso de Direito Constitucional**. 23. ed. São Paulo: Malheiros, 2008.

BONFIM, Edilson Mougenot. **Curso de Processo Penal**. 6. ed. São Paulo: Saraiva, 2011.

BRASIL. **Projeto de lei nº 236 de 2012**. Dispõe sobre as alterações no Decreto-Lei nº 2.848, de 7 dezembro de 1940. Disponível em: <http://www.senado.gov.br/atividade/materia/getPDF.asp?t=110444&tp=1>. Acesso em: 09 maio 2013.

_____. Superior Tribunal de Justiça. **Habeas Corpus**. Acórdão. 2010/0079509-2. Impetrante: A.H.C.B. Impetrado: Tribunal de Justiça do Rio Grande do Sul. Rel.ª Min.ª Laurita Vaz. Brasil, 03 de novembro de 2011. Disponível em:<http:// ww2.stj.jus.br/revistaeletronica>. Acesso em:18 abr. 2013.

_____. Superior Tribunal de Justiça. **Habeas Corpus nº 171.142-RS**. Paciente A.P.E.P. Rel.ª Min.ª Laurita Vaz. Brasília, 07 de outubro de 2010. Disponível em:<http:// www.stj.jus.br.> Acesso em: 18 abr. 2013.

_____. Supremo Tribunal Federal. **Recurso Ordinário em Habeas Corpus nº 107.264**. Reclamante: A.P.E.P. Reclamado: Ministério Público Federal. Rel. Min. Celso de Mello. Brasil, 19 de abril de 2011. Disponível em: <http://redir.stf.jus.br/paginadorpub/paginador. jsp?TP&docID=1609492. Acesso em: 02 jan. 2013.

_____. Supremo Tribunal Federal. **Recurso Ordinário em Habeas Corpus nº 107.264**. Reclamante: A.P.E.P. Reclamado: Ministério Público Federal. Rel. Min. Celso de Mello. Brasil, 19 de abril de 2011. Disponível em: <http://www.stf.jus.br/portal/jurisprudencia/listarConsolidada. asp>. Acesso em: 02 jan. 2013.

_____. Supremo Tribunal Federal. **Princípio da Insignificância é aplicado a furtos de objetos de pequeno valor**. Disponível em: <http://www. stf.jus.br/portal/cms/verNoticiaDetalhe.asp?idConteudo=173584>. Acesso em: 21 mar. 2013.

CANOTILHO, José Joaquim Gomes. **Direito Constitucional e Teoria da Constituição**. 7. ed. Coimbra: Almedina, 2003.

CATTONI DE OLIVEIRA, Marcelo Andrade. **Direito Constitucional**. Belo Horizonte: Mandamentos, 2002.

_____. **Tutela jurisdicional e Estado Democrático de Direito**: por uma compreensão constitucionalmente adequada do mandado de injunção. Belo Horizonte: Del Rey, 1998.

CITTADINO, Gisele. **Pluralismo, Direito e Justiça Distributiva**. Rio de Janeiro: Lumen Juris, 2004.

CHAMON JUNIOR, Lúcio Antônio. Do Caso Especial da Argumentação Moral ao Princípio do Discurso: a legitimidade do Direito da Modernidade, ontem e hoje, na Teoria do Discurso de Jürgen Habermas. In: **O Fundamento do Direito**: estudos em homenagem ao professor Sebastião Trogo. Nuno Manuel Morgadinho dos Santos Coelho e Cleyson de Moraes Mello (Orgs.). Rio de Janeiro: Freitas Bastos, 2008.

REFERÊNCIAS BIBLIOGRÁFICAS

_____. **Filosofia do Direito na Alta Modernidade:** incursões teóricas em Kelsen, Luhmann e Habermas. 2. ed. Rio de Janeiro: Lumen Juris, 2007.

_____. **Filosofia do Direito na Alta Modernidade**: incursões teóricas em Kelsen, Luhmann e Habermas. 3. ed. Rio de Janeiro: Lumen Juris, 2010.

_____. **Teoria Constitucional do Direito Penal**: contribuições a uma reconstrução da dogmática penal 100 anos depois. Rio de Janeiro: Lumen Juris, 2006.

_____. **Teoria da Argumentação Jurídica**: constitucionalismo e democracia em uma reconstrução das fontes no direito moderno. 2. ed. Rio de Janeiro: Lumen Juris, 2009.

_____. **Teoria Geral do Direito Moderno**: por uma reconstrução crítico--discursiva na alta modernidade. 2. ed. Rio de Janeiro: Lumen Juris, 2007.

COPETTI, André. **Direito Penal e Estado Democrático de Direito**. Porto Alegre: Livraria do Advogado, 2000.

CRUZ, Álvaro Ricardo de Souza. **Habermas e o Direito brasileiro**. Rio de Janeiro: Lumen Juris, 2006.

DANTAS, Ivo. **Princípios Constitucionais e Interpretação Constitucional**. Rio de Janeiro: Lumen Juris, 1995.

_____. **Jurisdição Constitucional Democrática**. Belo Horizonte: Del Rey, 2004.

DWORKIN, Ronald. **Levando os direitos a sério**. Trad. Nelson Boeira. 3. ed. São Paulo: WMF Martins Fontes, 2010.

_____. **O Império do Direito**. Trad. Jefferson Luiz Camargo. São Paulo: Martins Fontes, 2003.

ESPÍNDOLA, Ruy Samuel. **Conceito de Princípios Constitucionais**. 2. ed. São Paulo: RT, 2002.

ESTEFAM, André. RIOS GONÇALVES, Victor Eduardo. **Direito Penal Esquematizado**. São Paulo: Saraiva, 2013.

FEITOZA, Denílson. **Direito Processual Penal:** teoria, crítica e práxis. Niterói: Impetus, 2008.

FRASER, NANCY. **Rethinking the Public Sphere**: a contribution to the critique of actually existing democracy. Disponível em: <http://www.jstor.org/discover/10.2307/466240?uid=3737664&uid=2&uid=4&sid=21103088 249863.> Acesso em: 30 nov. 2013.

GALUPPO, Marcelo Campos. **Igualdade e Diferença**: estado democrático de direito a partir do pensamento de habermas. Belo Horizonte: Mandamentos, 2002.

GÜNTHER, Klaus. **Teoria da Argumentação no Direito e na Moral**: justificação e aplicação. Trad. Claudio Molz. São Paulo: Landy, 2004.

HABERMAS, Jürgen. **A Inclusão do Outro: estudos de teoria política**. Trad. George Sperbe e Paulo Astor Soethe. São Paulo: Loyola, 2002.

_____. O Estado Democrático de Direito – uma Amarração Paradoxal de Princípios Contraditórios. In: **Era das Transições**. Tradução e introdução de Flávio Beno Siebeneichler. Rio de Janeiro: Tempo Brasileiro, 2003.

_____. **Direito e Democracia**: entre facticidade e validade. v. I. Trad. Flávio Beno Siebeneichler. Rio de Janeiro: Tempo Brasileiro, 1997.

_____. **Direito e Democracia**: entre facticidade e validade. v. II. Tradução de Flávio Beno Siebeneichler. Rio de Janeiro: Tempo Brasileiro, 1997.

LÜDKE, M. ANDRÉ, MEDA. **Pesquisa em educação**: abordagens qualitativas. São Paulo: EPU, 1986.

LUHMANN, Niklas. **Introdução à Teoria dos Sistemas**. Trad. Ana Cristina Arantes Nasser. Petrópolis: Vozes, 2010.

_____. **El Derecho de la Sociedad**. 2. ed. Trad. Javier Torres Nafarrate. Mexico: Universidad Hibero Americana, 2005.

_____. **Sociologia do Direito**. v. I e II. Rio de Janeiro: Ed. Tempo Brasileiro, 1983 e 1985.

LUIS, Luisi. **Os Princípios Constitucionais Penais**. 2. ed. Porto Alegre: Sergio Antonio Fabris Editor, 2003.

MAGALHÃES, Thereza Calvet. O Realismo depois da Virada Linguístico--Pragmática. In: **Pragmatismo, Pragmáticas e Produção de Subjetividades**. Arthur Arruda, Benilton Bezerra Jr. e Sílvia Tedesco (Orgs.). Rio de Janeiro: Garamond, 2008.

MAIA, Antônio Cavalcanti. **Jürgen Habermas**: filósofo do direito. Rio de Janeiro: Renovar, 2008.

MASSON, Cleber. **Código Penal Comentado**. São Paulo: Método, 2013.

MELLO, Celso Antônio Bandeira de. **Curso de direito administrativo**. 12. ed. São Paulo: Malheiros Editores, 2000.

MIRABETI, Júlio Fabbrini. **Manual de Direito Penal: parte geral**. Rio de Janeiro: Atlas, 2011.

MIRANDA, Jorge. **Manual de Direito Constitucional**. 4. ed. Coimbra: Coimbra Editora, 1990.

NEVES, Marcelo. **Constituição Simbólica**. São Paulo: Acadêmica, 1994.

REFERÊNCIAS BIBLIOGRÁFICAS

_____. **Entre Têmis e Leviatã**: uma relação difícil. São Paulo: Martins Fontes, 2006.

NUCCI, Guilherme de Souza. **Código Penal Comentado**. 10. ed. São Paulo: RT, 2010.

OMMATI MEDAUR, José Emílio. **Liberdade de Expressão e Discurso de Ódio na Constituição de 1988**. Rio de Janeiro: Lumen Juris, 2012.

PRADO, Luiz Regis. **Curso de Direito Penal Brasileiro**: parte geral. 7. ed. São Paulo: RT, 2007.

_____. **Curso de Direito Penal Brasileiro**: parte geral. 10. ed. São Paulo: RT, 2010.

ROCHA, Fernando A. N. Galvão da. **Direito Penal**: parte geral. Rio de Janeiro: Impetus, 2004.

SILVA, José Afonso da. **Curso de Direito Constitucional Positivo**. 19. ed. São Paulo: Malheiros, 2001.

STRECK, Lenio Luiz. **Hermenêutica Jurídica e(m) Crise**. 5. ed. Porto Alegre: Livraria do Advogado, 2004.

_____. **Jurisdição Constitucional e Hermenêutica: uma nova crítica do direito**. Porto Alegre: Livraria do Advogado, 2002.

REALE, Miguel. **Lições Preliminares de Direito**. 23. ed. São Paulo: Saraiva, 1997.

REPOLÊS SALCEDO, Maria Fernanda. **Habermas e a Desobediência Civil**. Belo Horizonte: Mandamentos, 2003.

_____. Ronald Dworkin e o fundamento do Direito. In: **O Fundamento do Direito**: estudos em homenagem ao professor Sebastião Trogo. Nuno Manuel Morgadinho dos Santos Coelho e Cleyson de Moraes Mello (Orgs.). Rio de Janeiro: Freitas Bastos, 2008.

ROTHENBURG, Walter Claudius. **Princípios Constitucionais**. Porto Alegre: Sergio Antonio Fabris Editor, 2003.

ROXIN, Claus. **Derecho Penal**: parte general. Trad. Diego Manuel Luzón Peña, Miguel Diaz y García Conlledo e Javier Vicente Remesal. Madrid: Civitas, 1997.

_____. **Política Criminal y Sistema del Derecho Penal**. Tradución e introducción de Francisco Muñoz Conde. 2. ed. 1. reimpr. Buenos Aires: Hammurabi, 2002.

SGARBI, Adrian. **Clássicos de Teoria do Direito**. 2. ed. Rio de Janeiro: Lumen Juris, 2009.

TEUBNER, Gunther. **The Global Bukowina on the Emergence of a Transnational Legal Pluralism.** Universität Frankfurt am Main, Alemanha, 2002.

TORNAGHI, Hélio. **Curso de Direito Processual Penal.** São Paulo: Saraiva, 1995.

VICO MAÑAS, Carlos. **O Princípio da Insignificância como Excludente de Tipicidade Penal.** São Paulo: Saraiva, 1994.

ZAFFARONI, Eugênio Raúl; PIERANGELI, José Henrique. **Manual de Direito Penal Brasileiro**: parte geral. São Paulo: Revista dos Tribunais, 1997.

ZAFFARONI, Eugênio Raúl. **Tratado de Derecho Penal**: parte general. Buenos Aires: Ediar, 1991.

Anotações

Anotações

Anotações

Rua Alexandre Moura, 51
24210-200 – Gragoatá – Niterói – RJ
Telefax: (21) 2621-7007

www.impetus.com.br

Esta obra foi impressa em papel offset 75 grs./m²